CONTROVERSES

DES MÊMES AUTEURS

Valérie Pécresse

Être une femme politique... c'est pas si facile !, L'Archipel, 2007.
Et si on parlait de vous ?, L'Archipel, 2010.

Axel Kahn

Société et révolution biologique : pour une éthique de la responsabilité, INRA éditions, Paris, 1996.

*La Médecine du XX*e *siècle : des gènes et des hommes*, avec Dominique Rousset, Bayard, 1996.

Copies conformes, le clonage en question, avec Fabrice Papillon, NiL, 1998 ; Pocket, 1999.

Et l'homme dans tout ça ? Plaidoyer pour un humanisme moderne, NiL, 2000 ; Pocket, 2004.

L'avenir n'est pas écrit, avec Albert Jacquart et en coll. avec Fabrice Papillon, Bayard, 2001 ; Pocket, 2004.

Raisonnable et humain ?, NiL, 2004 ; Pocket, 2006.

Bioéthique et liberté, avec Dominique Lecourt, PUF, « Quadrige », 2004.

Doit-on légaliser l'euthanasie ?, avec André Comte-Sponville et Marie de Hennezel, L'Atelier, 2004.

Le Secret de la salamandre, la médecine en quête d'immortalité, avec Fabrice Papillon, NiL, 2005 ; Pocket, 2007.

Comme deux frères, avec Jean-François Kahn, Stock, 2006 ; Points Seuil, 2007.

L'Homme, ce roseau pensant. Essai sur les racines de la nature humaine, NiL, 2007.

Vivre toujours plus ?, avec Roger Pol-Droit, Bayard, 2008.

L'Homme, le Bien, le Mal, avec Christiane Godin, Stock, 2008 ; Hachette Littératures, « Pluriel », 2009.

L'Ultime Liberté ?, Plon, 2009.

Un type bien ne fait pas ça. Morale, éthique et itinéraire personnel, NiL, 2010.

Faut-il légaliser l'euthanasie ?, avec Luc Ferry, Odile Jacob, 2010.

AXEL KAHN - VALÉRIE PÉCRESSE
Propos recueillis par Michel Alberganti

CONTROVERSES

Université, Science et Progrès

NiL

Ouvrage publié sous la direction de Dominique Leglu

ISBN 978-2-84111-547-1

Introduction

De prime abord, tout les sépare : leur formation, leur parcours, leur famille politique, leur expérience professionnelle, leurs fonctions actuelles et plus de vingt ans d'âge... Pourtant, tout deux ont au moins un point commun : leur passion pour l'université. En tant que ministre de la Recherche et de l'Enseignement supérieur, Valérie Pécresse s'est attelée à une réforme à haut risque qu'elle entend mener à son terme malgré vents et marées. En tant que président de l'université Paris-Descartes, Axel Kahn se place à la pointe de la mise en œuvre de cette réforme qu'il approuve dans sa philosophie tout en contestant certains aspects et certaines méthodes.

Dans ce contexte, établir un dialogue direct entre Valérie Pécresse et Axel Kahn aurait pu apparaître comme une gageure. Le risque existait d'une parole contrainte par les responsabilités de chacun. Elle s'est pourtant libérée progressivement. Et les propos, parfois vifs, toujours vigilants et attentifs, se sont centrés sur le cœur du sujet : l'université.

Pour de nombreux lecteurs, le contenu de ce livre constituera une véritable découverte. Même pour ceux qui sont «passés par là», l'université fait figure de lieu mystérieux. On y entre souvent faute de mieux. Et on n'en sort pas toujours avec un emploi. Au fil des dernières décennies, l'université a pu donner parfois l'image d'un navire qui a perdu son cap. Sa mission initiale, former les enseignants dont la nation a besoin, s'est peu à peu fissurée sous la pression de la massification des étudiants. Tous ceux qui entrent à l'université après l'obtention du bac ne seront pas professeurs. Loin s'en faut. Alors que deviendront-ils, même s'ils parviennent à décrocher un mastère, voire un doctorat ?

La réponse à cette question essentielle était devenue de plus en plus délicate. Trop de diplômés ne trouvaient plus un emploi à la hauteur de leur niveau d'études. La machine universitaire tournait de plus en plus à vide et générait de plus en plus de déceptions. Ses locaux se dégradaient au fil des ans. Sa recherche n'était plus reconnue. Son prestige, en un mot, devenait un souvenir. Bien que contestés, les classements internationaux ont servi d'électrochoc. Inefficace sur le plan national, l'université française n'avait plus les moyens d'attirer les étudiants et les chercheurs étrangers. Plus qu'une simple réforme, il fallait une rupture, une mise à jour du logiciel universitaire.

La réforme de Valérie Pécresse n'a pas d'autres objectifs. Les solutions qu'elle propose mettent en avant l'autonomie, la professionnalisation et la recherche. Ces quelques mots bousculent les habitudes, reconfigurent la carte des universités et questionnent l'organisation de la recherche. Bien entendu, les chances d'aboutir à un résultat positif n'existent pas sans les moyens financiers nécessaires. Valérie Pécresse le sait et Axel Kahn veille.

Président d'université d'avant-garde en matière d'application de l'autonomie, il est d'autant plus attentif aux dérives possibles d'une politique délibérément orientée vers la revalorisation individuelle du travail des chercheurs. Il souligne, par exemple, les risques d'une personnalisation trop forte de récompenses qui concernent très souvent un travail d'équipe.

Au cours de ce dialogue, Axel Kahn fait souvent référence à la formation commerciale de Valérie Pécresse, diplômée d'HEC. Pour la ministre, la gestion n'est pas l'ennemie de l'université mais son alliée, garante des moyens financiers dont elle a tant besoin après des décennies de vache maigre. Les échanges de ces deux fortes personnalités reflètent aussi leurs différences culturelles. Les raisons de rupture ne manquent pas. Mais il est remarquable de constater qu'une volonté commune se dégage. Assez forte pour dépasser les clivages et tenter, pour chacun, de tirer le meilleur profit de l'expérience de l'autre. Sans renier, à aucun moment, ses intimes convictions.

L'une est de droite. L'autre de gauche. L'un est un pur universitaire. L'autre est diplômée de grandes écoles. L'une est ministre. L'autre président d'université. Au fil des heures de leur rencontre émerge leur volonté commune d'aboutir, de relever un défi de taille : faire renaître l'université afin qu'elle soit en mesure de jouer un rôle essentiel dans la société du XXIe siècle. Le siècle de la connaissance.

Michel Alberganti

1

Deux parcours que presque tout oppose

Frustration universitaire, HEC et ENA

VALÉRIE PÉCRESSE : Pour ma part, je vis entre tentation universitaire et frustration universitaire. Pourquoi ? Parce que je suis issue d'une famille d'universitaires. Mon père est universitaire, mes oncles sont universitaires... Et j'étais destinée à être professeur d'université. En tout cas, dans l'esprit de mes parents, c'était la voie royale. D'autant plus que j'étais bonne élève à l'école. Cette tentation universitaire est constante chez moi. À un moment clé de ma vie professionnelle, j'ai hésité entre la voie de la politique et celle de l'université. À l'époque, j'étais juge au Conseil d'État, commissaire du gouvernement. Engagée et passionnée par le droit public depuis huit ans, je me trouvais alors à la croisée des chemins. Soit je quittais le Conseil d'État pour faire de la politique, soit j'optais pour la suite logique de mon parcours, c'est-à-dire le professorat associé en droit public dans une université parisienne, l'écriture de manuels de droit public... Et j'ai beaucoup hésité entre ces deux carrières. Quand j'étais enfant, en effet, mon idéal était de devenir professeur d'université, comme mon père. Et je n'exclus pas que cette tentation universitaire me reprenne. J'ai prévenu les présidents d'université quand j'ai été nommée ministre. Je leur ai dit : « Je ne peux pas vous faire du mal ou faire une réforme qui affaiblisse l'université puisque mon rêve a toujours été et reste encore de devenir professeur d'université. » Bien sûr, ce serait désormais un peu plus complexe, puisque je n'ai pas eu le temps de faire une thèse.

Ma frustration vient d'ailleurs directement de notre système d'enseignement supérieur qui pousse les bons élèves, surtout en sciences humaines et sociales, non pas à oser l'université mais, en réalité, à se tourner vers les grandes écoles. Plus professionnalisantes, plus rassurantes, plus conquérantes... Et quand on est, comme moi, plutôt littéraire, on se retrouve dans une classe préparatoire à une école de commerce, avec un professeur de philosophie, une femme que l'on admire profondément et qui vous dit, en terminale : « Vous allez perdre votre âme ! Pas vous ! Vous ne pouvez pas aller vendre des couches-culottes ! Valérie, ce n'est pas vous ! » Mais vous lui répondez : « Oui, mais je veux être libre, autonome, je veux gagner ma vie sans être dépendante et la voie la plus rapide, pour cela, c'est la préparation d'une école de commerce. » À l'époque, après une année de préparation, on entrait dans une école et on gagnait son indépendance. En effet, le système français est fondé sur une injustice terrible, une injustice que je suis décidée à combattre : tout se décide entre dix-huit et vingt ans, selon le bac et le concours que l'on passe. Tout figer ainsi à un âge où tout devrait être possible, ça n'est pas conforme au pacte républicain. À cette époque, j'aurais aimé rencontrer les grands professeurs d'université, ceux que je côtoyais chez mon père et mon grand-père. Ce que j'ai, finalement, pu faire plus tard...

AXEL KAHN : Quelles étaient leurs disciplines ?

VP : Toutes les disciplines : le droit, l'économie, les sciences politiques... Mes deux oncles sont professeurs de médecine et mon père est professeur d'économie.

AK : Et vous, vous avez fait HEC...

VP : J'ai fait HEC et l'ENA. Mais je connais bien l'université, comme fille de professeur. Pendant toutes mes études, je suis restée au contact de l'université. Pour financer en partie mes études, j'ai travaillé à Dauphine pendant mes années d'HEC. J'effectuais toutes les recherches documentaires pour la préparation des livres d'Henri Tézenas du Montcel, qui y enseignait l'économie. Et ensuite, j'ai préparé l'ENA, toujours à Dauphine, ce qui est assez rare. L'université m'a permis de réussir le concours de l'ENA. Quel paradoxe ! Pour éviter qu'ils ne cherchent à m'en dissuader, je l'ai fait sans le dire à mes condisciples d'HEC, qui ne pensaient qu'à la finance. Or j'avais étudié la finance... C'était le cursus le plus prestigieux à l'époque. Et puis, à mon vingt et unième anniversaire, je me suis demandé : « Mais au fond, qu'est-ce que tu veux vraiment faire de ta vie ? » J'ai pris conseil, j'ai fait un stage dans une banque d'affaires pour avoir la certitude que je n'en avais pas la vocation. J'ai beaucoup lu cet été-là. Notamment les *Antimémoires* d'André Malraux. Ce fut le déclic. Mon adolescence et ses idéaux me sont revenus à la figure. J'avais retrouvé ma « voie du cœur », celle du service public et de l'intérêt général. Celle dans laquelle je me sentais le plus utile au monde qui m'entourait. Celle qui me conduisit ensuite, en toute logique, à l'engagement politique. C'est à ce moment que j'ai bifurqué vers l'ENA. Malgré la très forte pression autour de moi. Mes camarades me disaient : « L'État est mort ! Le service de l'État, c'est dépassé. » Et puis il y avait la peur de l'échec. L'ENA, c'était un objectif pratiquement impossible à atteindre quand on n'avait pas fait Sciences-Po. Il n'y avait que deux élèves qui entraient chaque année sans être passés par la rue Saint-Guillaume...

Le seul idéal valable

AK : À la différence de Valérie Pécresse, je n'ai, quant à moi, pas de frustration universitaire... Je suis d'une famille où l'université représentait le seul idéal valable dans une vie. On ne concevait pas que l'on pût désirer autre chose. Elle représentait le dialogue, l'intelligence, la tolérance, la transmission. Mon père, Jean Kahn, était un intellectuel souvent complexe, très engagé, parfois tenté par l'ésotérisme. Philosophe au départ hégélien, il était passé, comme d'autres, au marxisme assez jeune. Il était d'une famille bourgeoise ayant quelque bien à l'époque. Au moment de la crise de 1932-1933, il s'est engagé dans les jeunesses communistes. Il est devenu marxiste au cours de ses études, puis professeur d'université. Mais les circonstances de la guerre l'ont conduit à enseigner dans une école privée parce qu'il avait changé de nom. Mon grand-père était juif, ma grand-mère non. Jean Kahn a continué ensuite à exercer son métier en consacrant sa vie et ses talents à la réhabilitation intellectuelle et universitaire des jeunes en difficulté. Il s'occupait des grands élèves, des garçons... En effet, il ne concevait pas que le monde de l'esprit pût être féminin. Je l'ai appris de moi-même. (*Rires.*)

VP : Il continue à être très masculin... C'est un vrai sujet...

AK : J'ai beaucoup changé de ce point de vue-là. Heureusement... Je suis le dernier de trois garçons. Le premier, Jean-François Kahn, que vous connaissez, avait choisi l'histoire. C'était le plus doué et le moins scolarisable. Il n'était pas un excellent élève, c'est de notoriété publique. En revanche, très jeune, il peignait, il dessinait, il chantait, il écrivait des poèmes, des contes... Il avait vraiment tous les talents. Mon frère Olivier et moi sommes très vite devenus, de façon banale, d'excellents élèves. Olivier a choisi les sciences dures. Il a été chimiste théoricien, spécialiste du magnétisme moléculaire, d'abord à l'École supérieure de chimie de Paris, puis professeur à Orsay, enfin à Bordeaux. Considéré comme un espoir de prix Nobel de notre pays, il dirigeait aussi un laboratoire au Japon. C'était sans doute l'un des plus grands chimistes théoriciens du moment. Il a créé une école active qui perdure et a obtenu plusieurs prix, des médailles. Et il est mort à cinquante-sept ans. J'étais, quant à moi, très bon dans pas mal de domaines comme la philosophie ou les sciences naturelles. En fait, à partir de la première, j'étais toujours premier... Je me suis demandé ce que je pouvais faire qui ne me mette pas en rivalité avec ces aînés que j'admirais fort, certes, mais auxquels je ne voulais pas être confronté directement. La philosophie et les humanités étant prises, tout comme l'histoire, les sciences humaines et les sciences dures, je n'ai rien vu qu'il fût raisonnable que je fisse d'autre que la médecine. Ce qui est très amusant, c'est que, en terminale où j'avais eu les félicitations, mon professeur d'allemand, je crois, m'a demandé : « Alors, qu'est-ce que vous voulez faire, Kahn ! » Je lui ai répondu que je me destinais à la médecine. Il m'a regardé, atterré, en observant : « Vous avez le cerveau trop bien fait pour vous contenter de ça ! » À l'époque, la seule idée raisonnable eût été que je m'engageasse, comme les autres, dans une classe préparatoire et une grande école.

En médecine, j'ai tout fait. J'ai soigné, j'ai opéré, j'ai pratiqué une grande diversité de spécialités médicales... Mais, en même temps, j'ai su très tôt que j'allais me consacrer à une pratique scientifique de la médecine. Je le savais dès la deuxième année. Et en plus, comme j'étais déjà un homme pratique, j'avais pris la décision de travailler sur le foie et sur les éléments du sang. Pour quelle raison, me demanderez-vous ? Parce qu'il ne m'avait pas échappé qu'il se passait beaucoup de choses importantes dans le foie et que le sang était plus facile à prélever, et par conséquent à étudier que d'autres organes. Et c'est très singulier parce que, pour l'essentiel, cela a en effet constitué l'épine dorsale de mes recherches. J'ai été interne des hôpitaux de Paris en débutant d'emblée des travaux de recherche sur le sang. Ensuite, chef de clinique, j'ai eu à choisir entre la voie royale menant à la position de médecin des hôpitaux, ou entrer à l'Institut national de la santé et de la recherche médicale (INSERM) comme chercheur à temps plein.

J'ai voulu privilégier ce qui donnait le maximum de liberté, c'est-à-dire, ne pas dépendre d'un patron. Je ne supporte pas cette idée de dépendre de quelqu'un. J'ai donc décidé de m'engager dans la recherche ce qui, à l'époque, était considéré comme fantasque puisque je suis passé d'émoluments de près de 3 000 francs à quelque chose de l'ordre de 1 600 francs comme chargé de recherche de deuxième classe, premier échelon.

À partir de 1983-1984, j'ai pris la direction d'un gros laboratoire de cent dix personnes et j'ai continué à diriger des structures de recherche jusqu'à créer, en 2002, l'institut Cochin qui comptait alors plus de six cents personnes, soit le plus gros institut de recherche biomédicale réuni en une seule unité de recherche en France. En parallèle, j'ai continué mes activités médicales jusqu'en 1992, date à partir de laquelle je n'ai plus pu mener de front la science, les soins, la médecine et d'autres tâches de plus en plus prenantes et dans lesquelles mon engagement était allé croissant, en particulier la réflexion sociologique, éthique, philosophique autour des disciplines que je contribuais à enrichir, l'expertise en biotechnologie, etc.

Génétique et bandits de l'idéologie

AK : Mon père étant philosophe, j'ai très tôt eu conscience de ce que la discipline dans laquelle je désirais exceller, la génétique, avait toujours été la plus susceptible d'être prise en otage par les bandits de l'idéologie. Il me semblait par conséquent essentiel, en même temps que je m'efforçais d'être un excellent généticien, d'être aussi l'un de ceux qui se portent au créneau de cette discipline pour en défendre l'accès aux brigands qui tentent de la capter à leur profit. J'ai ainsi été commissaire du gouvernement pour la préparation des lois de bioéthique de 1992.

Politiquement, mon parcours a été, jusqu'à la quarantaine, celui d'un militant de gauche. Après avoir été élevé dans la religion catholique jusqu'à quinze ans, je suis devenu communiste vers seize-dix-sept ans et je n'ai quitté le Parti qu'à trente-trois ans. Ensuite, j'ai fait un très bref parcours au Parti socialiste entre 1981 et 1983. Les militants m'ont semblé très peu sérieux et, depuis, je n'ai plus aucun engagement politique, mais j'adhère à des valeurs intellectuelles qui sont sans conteste celles de la gauche.

VP : En matière d'engagement politique, de mon côté, j'ai rencontré ma vocation sur le tard. J'ai d'abord été juge au Conseil d'État. Je pense que c'est l'un des plus beaux métiers du monde. Rendre la justice, dire le droit, essayer de savoir qui a raison, qui a tort pour rétablir la vérité ou faire reculer les injustices, c'est une mission que j'ai embrassée avec ferveur. J'ai vraiment été heureuse d'être juge.

À cette époque, je vivais l'engagement politique comme antagoniste de mon métier. Être militante risquait de me rendre moins objective dans mes décisions. J'avais une très haute idée de l'impartialité nécessaire du juge.

Mais il s'est passé plusieurs choses qui expliquent mon départ du Conseil d'État. D'abord, je pense que, chez moi, il y a une ambivalence, une dualité. J'aime réfléchir. L'une de mes passions, ce sont les livres. Et j'ai toujours ressenti la frustration de ne pas avoir été assez nourrie de ce point de vue-là. J'aurais rêvé de faire des études de lettres classiques ou de lettres modernes. Je n'en ai pas eu le courage, l'audace. J'avais envie d'être autonome. C'est l'autre versant de ma personnalité. Je suis aussi une femme d'action. C'est ce qui m'a conduit à faire une école de commerce. Je ne voulais pas rester chez mes parents et faire une hypokhâgne, puis une khâgne. Je voulais m'émanciper, vivre. Je parlais trois langues. J'étais pleine de curiosité, j'avais envie de voyager, de voir le monde, de connaître d'autres personnes, d'autres cultures. J'avais envie de faire, d'entreprendre. Cette dualité, je l'ai ressentie aussi au bout des huit années que j'ai passées au Conseil d'État. Au milieu de ma bibliothèque de jurisprudence, en train de rédiger mes articles de doctrine et de préparer mes conclusions pour mes dix affaires de section... Cette année-là, c'est aussi celle où j'attendais mon deuxième enfant... À ce moment-là, une femme se sent à la croisée des chemins. Je me suis dit que j'avais le choix et que je pouvais faire autre chose qui serait aussi utile, peut-être plus utile, de ma vie.

Il se trouve que cette situation d'interrogations personnelles s'est télescopée avec un événement politique majeur. J'étais gaulliste, comme ma famille, du côté de mon père comme du côté de ma mère. Mon grand-père médecin était résistant, ma grand-mère l'était aussi. Ils ont hébergé un parachutiste américain pendant la guerre, rue de Vaugirard, dans la chambre où se trouvait le berceau de ma mère... Mon grand-père était né dans la Sarre dans les années 1920. Il parlait donc l'allemand comme un Allemand. Ça l'a beaucoup aidé dans son réseau de médecins résistants, créé en 1941, où il faisait du renseignement, et dans le réseau Comète, chargé d'exfiltrer de la zone occupée des pilotes d'avions abattus. Son domicile deviendra même, à la fin de la guerre, le siège d'un journal clandestin, *Témoignage chrétien*. Il était devenu un ami très proche d'André Malraux, de Romain Gary, des figures flamboyantes du gaullisme... Petite fille, j'étais fourrée dans les livres et je me cachais derrière les tentures de l'appartement de mes grands-parents pour voir passer ces monstres sacrés...

AK : Un point commun : mon père aussi était gaulliste... Il était militaire et avait entendu l'appel du 18 Juin quelques jours après sa diffusion. Il connaissait l'appel du général de Gaulle et avait tenté de le rejoindre en Angleterre par l'Espagne. Cependant, il avait été intercepté, dénoncé par son colonel... Et il s'était retrouvé dans un camp... Jusqu'à sa défaite, en 1969, il est resté viscéralement attaché au général de Gaulle. Lors des événements de 1968, d'un côté il adhérait avec passion au mouvement ; d'un autre côté, il demeurait attaché au Général. Et je me souviens d'avoir écouté les résultats du référendum au terme duquel le général de Gaulle a annoncé qu'il quittait le pouvoir. Mon père était assis sur mon lit de garçon, absolument effondré. Nous étions, mes frères et moi, des militants de gauche, antigaullistes comme il se doit à notre âge. J'entends encore Papa déclarer sans y croire du tout : « Peut-être est-ce mieux comme cela... » Mon père a été communiste jusqu'à son exclusion du parti en 1947. Il est resté gaulliste combattant avec des idées d'intellectuel de gauche. Et tenté par l'ésotérisme, en fait, dans le mouvement Gurdjieff, repris, après la mort de ce dernier, par Mme de Salzman. Mais la fidélité de Jean Kahn au général de Gaulle ne s'est jamais démentie. Mon père s'est suicidé en 1970 et je suis persuadé qu'il existe un enchaînement entre mai 1968, la défaite du général de Gaulle, l'effondrement de tout ce à quoi il s'était attaché, jusqu'à cette décision de quitter une vie dont il avait l'impression qu'elle n'était plus faite pour lui. Pour ma part, je suis entré au Parti communiste quatorze ans après que mon père l'eut quitté. Né en 1944, j'ai en effet adhéré en 1961.

VP : C'est une maladie de jeunesse, chez les Kahn, le Parti communiste...

AK : En fait, la filiation est assez évidente. J'étais un catholique des plus fervents, scout de France ; j'ai fait ma promesse de scout à Lourdes... J'ai connu les heurs et les malheurs de l'Église. Et puis, au cours d'une évolution qui s'est produite en quelques semaines, en relisant les textes des actes de la foi, je me suis rendu compte que je n'en croyais pas un traître mot... Je ne croyais pas à la virginité de Marie, ni à la résurrection des corps... J'en ai tiré des conclusions de rationaliste ! Contrairement à ce dont j'étais persuadé jusqu'alors, je n'avais pas la foi. Cela dit, cette découverte ne m'a pas amené à remettre tout en cause. En particulier, certaines des bases de l'humanisme chrétien. Entre l'humanisme communiste, l'humanisme chrétien et la lutte contre les injustices, il existe bien entendu des résonances. J'avais certainement besoin d'engagement mais surtout d'engagement contre l'injustice. C'était l'époque des guerres coloniales, de l'OAS, de grandes luttes sociales. Pour moi, quand on était humaniste, on était du côté des ouvriers, pas de celui des patrons. Du côté des peuples colonisés, et pas de celui de ceux qui les canonnaient et les mitraillaient.

Cette évidence m'a indiqué que, si je voulais continuer le même combat, il convenait que je le fisse dans un mouvement de gauche. Cela s'est produit, pendant six mois, aux Jeunesses socialistes unifiées, jusqu'au jour où, au temps des attentats de l'OAS, lors d'une réunion, la question en débat fut celle de la mise au point d'une stratégie pour prendre d'assaut le commissariat de police du XVe arrondissement afin de se procurer des armes ; cela ne m'a pas semblé d'un réalisme absolu... Et j'ai donc quitté les Jeunesses socialistes unifiées.

De droite, mais pas libérale

VP : Quand je vous écoute, je suis nostalgique d'une époque où les idées avaient du poids et de la puissance. Malheureusement, j'ai eu vingt ans sous le deuxième septennat de François Mitterrand. Je peux vous dire que cela ne donnait pas envie de s'engager à gauche. Pour moi, la gauche était affairiste et accrochée aux privilèges du pouvoir. Je pense qu'on est très marqué politiquement – et ce que vous dites me paraît très juste – par l'époque de ses vingt ans. C'est l'âge de l'engagement. J'ai vu alors un Parti socialiste au pouvoir usé jusqu'à la trame avec des délits d'initiés, des copains, un air de fin de règne... Et en plus, j'étais étudiante à HEC. La pensée dominante était celle d'un libéralisme sans frein. Bernard Tapie hantait alors les écrans de télévision... Le tout libéral, qui ne donnait pas de sens à la vie collective et qui glorifiait ces *golden boys* qui ne cherchaient qu'à gagner de l'argent à la Bourse, me mettait profondément mal à l'aise, tout comme la fausse générosité socialiste et le discours compassionnel d'une certaine gauche, la « gauche caviar ». Par réaction contre l'un et l'autre, j'ai choisi le service public. Il y avait à l'époque – en 1988 –, chez les jeunes notamment, un conformisme du « politiquement correct » de gauche. Changer la loi pour instaurer la proportionnelle, faire ainsi entrer le Front national à l'Assemblée nationale et envoyer ensuite des manifestants avec des briquets allumés pour dire « halte à Le Pen », je trouvais que c'était le comble de l'hypocrisie. J'avais l'impression que Mitterrand manipulait la jeunesse à des fins cyniques et utilitaires. Où étaient les héros de guerre, les résistants du premier jour, les penseurs libres, les exemples, ces Malraux et ces Gary dont j'avais lu tous les livres ? Je n'aimais pas l'embrigadement, les pensées toutes faites, les mouvements de foule. Je ne me sentais ni de droite ni de gauche. Mais comme chacun sait, cela voulait sans doute dire qu'en réalité, j'étais déjà de droite ! La gauche s'était décrédibilisée à mes yeux en rompant avec toutes ses valeurs. À droite, j'étais sensible à une espèce de pureté de l'engagement gaulliste, une forme de panache, une envie de justice, un attachement à la France. Au total, j'étais sans doute plutôt de droite, mais pas ultralibérale.

AK : Vous avez fait HEC, une école remarquable qui contribue à imprimer dans l'esprit de ses élèves tous les canons de la pensée libérale moderne...

VP : Oui, mais mon esprit critique s'est encore renforcé grâce à HEC ! J'ai un regard très lucide sur le monde dans lequel j'évolue, vous savez... S'il n'y a et s'il n'y a toujours pour moi aucune alternative à l'économie de marché, je voyais très bien ce qu'un libéralisme sans régulation pouvait signifier, sous la forme du «chacun pour soi» et de la loi du plus fort. Il y avait à l'époque une forme d'américanisation de la société, à laquelle je n'ai jamais adhéré, d'où peut-être mon goût pour les civilisations orientales. J'ai toujours été attachée à la diversité culturelle et à la défense d'une certaine tradition française.

En fait, les deux hommes qui ont marqué mon enfance sont des personnalités très différentes. Il y a d'abord mon père qui vient de Gap, dans les Hautes-Alpes, pensionnaire à huit ans, cadet d'une famille de sept enfants – six garçons et une fille – et dont le père était mercier-bonnetier. Élève chez les jésuites à Avignon, puis à l'université d'Aix-en-Provence, enfin à Paris, il a fait ses études en travaillant dans une blanchisserie. Son ascension sociale, il la doit à l'université. C'est sa thèse qui lui a ouvert les portes d'un monde d'intellectuels parisiens auquel il n'avait, à l'origine, pas accès. Puis il est devenu professeur d'université, agrégé de gestion. C'est un pédagogue-né. J'ai eu l'occasion d'assister à certains de ses cours à HEC et Dauphine. Mais comme il enseignait l'économie, j'ai trouvé ma voie dans le droit... Toujours la volonté de ne pas être sous influence, je pense. Malgré tout, j'ai été fortement marquée par les réflexions du Cercle des économistes, qu'il a fondé avec Jean-Hervé Lorenzi, Christian de Boissieu et quelques autres. Leur pensée sur l'évolution de la France et du monde est toujours pertinente. Mon père m'a aussi transmis le goût des nouvelles technologies, car, dès la fin des années 1970, il s'est spécialisé dans l'économie des télécoms. Nous avons ainsi participé à l'expérience-pilote du Minitel à Vélizy et, plus tard, je me suis intéressée au droit de l'Internet... C'est un peu l'origine de mon recrutement, quelques années plus tard, par Jacques Chirac, alors traumatisé par l'épisode du mulot...

Et puis, il y a mon grand-père psychiatre, d'origine corse et qui évoluait, lui aussi, dans un milieu d'intellectuels et de médecins. Un anticonformiste. Il fit partie de ces pionniers qui ont introduit, dès 1969, la chimiothérapie avec le lithium dans le traitement de la dépression nerveuse. Alors qu'à l'époque on ne reconnaissait toujours pas à la dépression son caractère de maladie... Médecin de l'âme, il soignait les plus célèbres, mais aussi les humbles. Il avait une vraie fibre sociale, nourrie par son engagement chrétien, qui m'a marquée. Il exerçait en libéral, mais il a toujours voulu garder un poste à l'hôpital, pour soigner les personnes qui n'avaient pas les moyens de suivre un traitement au long cours auprès d'un spécialiste. Pour lui, le fait d'avoir un fils et un gendre professeurs de médecine et un autre gendre professeur d'économie, c'était une forme de réussite familiale. Il avait un profond respect pour la vie des idées et le débat.

Chirac ou Jospin

VP : Je suis partie du Conseil d'État après un deuxième congé maternité en 1998. Quelques mois après la dissolution de l'Assemblée nationale. C'était un moment charnière en politique. On m'avait proposé à plusieurs reprises d'aller dans des cabinets ministériels, avant et après la dissolution, à droite comme à gauche. Je n'avais, jusque-là, jamais exprimé de préférence politique dans mon environnement professionnel.

J'ai vraiment beaucoup hésité pendant tout un été. À l'époque, Jacques Chirac cherchait quelqu'un à l'Élysée, au début de la cohabitation, pour s'occuper des études et de la prospective. Il avait théorisé le rôle du président de cohabitation, qui doit « voir loin » et anticiper les évolutions de la société. Pour la petite histoire, la proposition de Jacques Chirac est arrivée en même temps qu'une proposition de Lionel Jospin... J'étais spécialiste de la responsabilité des hôpitaux, mais également, je l'ai dit, d'un « phénomène de société » qui venait de prendre son essor : Internet. Le conseiller de Lionel Jospin, Jean-Noël Tronc, cherchait quelqu'un pour créer et diriger une mission interministérielle sur la société de l'information.

Je pense qu'ils n'en sont pas revenus à Matignon, en 1998, lorsque je les ai appelés pour leur dire que je partais chez Jacques Chirac. Mais j'avais été séduite par le Chirac de la « fracture sociale », celui qui voulait engager notre pays sur la voie des réformes salutaires. Et j'ai toujours fait mes choix de carrière par conviction et non par calcul. C'était un moment où tout le monde tournait le dos à Jacques Chirac. Beaucoup n'ont pas compris que j'aille à l'Élysée et non à Matignon. Mes amis m'appelaient pour me mettre en garde : « C'est un suicide professionnel. Jacques Chirac est fini, c'est la reine d'Angleterre, c'est René Coty, il ne fera plus jamais rien. » Comme ils avaient tort... En politique, rien n'est jamais écrit.

Le saut quantique de l'élection à l'Assemblée

J'ai « plongé dans le grand bain » le jour où j'ai décidé d'aller faire de la politique sur le terrain, en 2002. Lorsque j'étais juge, je m'étais aperçue que les lois que je devais appliquer étaient parfois mal faites, parfois même injustes. À la présidence de la République, je pensais être au cœur du pouvoir, influer sur le cours des choses. Et de ce point d'observation exceptionnel, je me suis rendu compte que ceux qui ont la capacité de changer le pays, ce sont les hommes politiques. Si vous cherchez un moyen pour changer la vie, c'est en politique que vous le trouverez. Des députés amis m'ont proposé de me présenter aux élections législatives, parce que j'étais une femme, qu'on en manquait et que je travaillais au « cœur du réacteur » de la campagne présidentielle de 2002, auprès de Jérôme Monod et Alain Juppé. Franck Borotra voulait alors se retirer. Il ne voulait ni des « énarques aux dents longues » qui briguaient sa succession ni des « recalés du suffrage universel parisien ». Et il n'y avait pas de candidat local faisant consensus. Il a donc cherché quelqu'un de différent, qui apporte quelque chose de neuf. Une personne qui aurait ses attaches dans les Yvelines. Il m'a choisie.

C'était totalement inattendu. À l'époque, j'envisageais plutôt de m'engager en Corrèze, d'où mon mari est originaire, pour y reprendre le flambeau de la Chiraquie. J'étais sans doute au bon endroit au bon moment. Du coup, François Bayrou a envoyé le général Philippe Morillon à l'assaut, en disant : « Cette circonscription est trop belle pour une femme aussi jeune et, donc, on va la faire battre... » Le général Morillon, héros de guerre, était beaucoup plus connu que moi... Et pourtant, j'ai remporté ces élections largement et contre tous les sondages, parce que ce que veulent les électeurs avant tout, c'est un élu qui ait des convictions, qui s'intéresse à eux et qui sache les défendre.

De Jacques Chirac à Nicolas Sarkozy

Je rentre donc à l'Assemblée nationale en 2002, parmi les plus jeunes élues. Les femmes y étaient alors peu nombreuses – 12,3 % des députés, je crois ! Puis je deviens porte-parole de l'UMP en 2004. Un an plus tard, Nicolas Sarkozy en prend la direction et je ne le connais absolument pas à cette époque. Je m'attends à un grand ménage... En réalité, lorsqu'il me convoque pour parler, il me dit qu'il souhaite que je reste porte-parole de l'UMP pour que toutes les sensibilités y soient représentées. Je lui demande s'il est possible de rester fidèle à Jacques Chirac et, en même temps, d'être le porte-parole de l'UMP de Nicolas Sarkozy... Il me répond : « Tu y arriveras. Je ne te demande pas de trahir ceux à qui tu dois tout, mais je te demande de m'être loyale. » Du coup, j'accepte et commence une belle aventure. Belle, mais compliquée...

J'ai énormément de reconnaissance, d'admiration et d'affection pour Jacques Chirac. Et une dette énorme, parce que, sans lui, je ne ferais pas de politique. J'ai presque tout appris avec lui. Mais lorsque je vais le voir au moment du contrat première embauche, le fameux CPE, je lui dis qu'il faut lancer une mission sur l'université, qu'il y a un problème majeur d'insertion professionnelle des étudiants. Il me répond : «L'université, cela ne se réforme pas à un an des présidentielles...» Je comprends qu'en réalité, il a été profondément traumatisé par la mort de Malik Oussekine en 1986. Et je comprends que l'on ne réformera pas. Je ronge mon frein. Et je me prends à espérer que Nicolas Sarkozy reprendra avec énergie le flambeau des réformes. Lorsque vous avez trente ans et que vous faites de la politique, ou bien c'est par ambition pour collectionner les portefeuilles ministériels, ou bien c'est en espérant pouvoir faire, un jour, quelque chose qui restera. Et c'est ce qui m'intéresse.

AK : Je connaissais assez bien Jacques Chirac. Avec des hauts et des bas, mais on s'aimait bien. Je le rencontrais régulièrement.

VP : Oui, il suivait avec beaucoup d'intérêt vos prises de position en matière de bioéthique.

AK : Et j'avais une sympathie certaine pour l'homme.

VP : Ne vous excusez pas. Cela arrive...

Parti communiste et injustices

AK : Non, non. Je ne m'excuse pas du tout. Je rappelle que je ne suis plus un militant politique depuis 1982-1983. J'ai eu deux périodes avec le Parti communiste. Je me suis engagé pour lutter contre les injustices. Je considérais qu'il n'y avait pas à hésiter quant au camp à choisir pour cela. Que vous veniez d'une famille gaulliste a eu de l'influence sur vos choix. Cela a joué pour moi aussi. Dans ma famille, père, mère et les trois garçons sont tous passés, parfois de façon fort brève, par le Parti communiste. Cela n'a pas été sans effet sur mon parcours, bien sûr. Il y a aussi une filiation de ce point de vue-là.

VP : En fait, c'est le parcours initiatique...

AK : Oui, en quelque sorte... Et puis, il y a eu le moment, sans doute similaire à ceux dont vous parlez, où l'on s'amuse beaucoup. Être dans un parti au moment où se mènent des combats nombreux et essentiels, au moins à mes yeux... je me rappelle très bien la mobilisation générale lors du putsch des généraux. Nous attendions que les parachutistes arrivent place de la Concorde. Et pendant que Michel Debré faisait mettre des autobus en travers des routes, on se demandait, dans ma cellule, comment faire pour se procurer des armes et s'opposer ainsi aux factieux. C'était follement amusant. Dès cette époque, j'aimais le contact avec les gens, les discours... J'ai un côté tribun... Et je l'avais déjà jeune homme.

L'autre élément qui a perduré, lui, c'est que le militant communiste, dans une situation où il n'était pas en mesure d'arriver au pouvoir, se révélait souvent être une femme ou un homme remarquable. Ces militants comptent parmi les gens les plus admirables que j'ai côtoyés. Compte tenu de leur profession, de leurs niveaux sociaux et économiques, ils avaient une culture bien supérieure à la moyenne. Bien souvent, ils lisaient de la littérature, ils écoutaient de la musique classique, allaient à l'opéra... Éreintés le soir – on n'était pas encore à la semaine de 35 heures – ils dînaient bien vite pour aller militer, distribuer des tracts... Ces gens-là avaient fini par devenir une vraie famille et mon attachement était profond. J'avais l'impression que s'exprimait chez eux une forme d'humanité dont je voulais être solidaire. C'était la seule qui m'intéressait.

VP : Ça, c'est ce que j'ai découvert en militant. Comme le souhaitait Malraux, l'UMP, c'est le « métro à 17 heures » : il y a dans la foule des militants des personnes de toutes les origines, de tous les horizons, qui partagent la même passion de la chose politique, la même envie de faire changer les choses. C'est une vraie famille. Je me souviens des cadeaux que j'ai reçus lors de la naissance de mon troisième enfant, ma seule fille. Des choses incroyables, faites à la main... Quand on fait de la politique, on entre dans une famille. On fait partie de la famille. Et quand on est candidat ou élu, on doit remplir les responsabilités d'un chef de famille, rassembler, écouter, comprendre, épauler...

AK : Cela a abouti à ce que, en désaccord sur presque tout après 1968, très lucide sur le « socialisme réel » des pays communistes, je sois resté au Parti encore neuf ans.

VP : Mais qu'est-ce qui fait vibrer un militant communiste ? C'est le mot justice ?

AK : C'est le mot justice.

VP : Parce que, pour nous, c'est d'abord le mot France. C'est une certaine idée de ce que doit être notre pays, c'est l'éducation, la nation, l'exemplarité... Je parle de la sensibilité gaulliste de l'UMP. Les gaullistes sociaux, dont je fais partie, y ajoutent aussi l'idée de justice.

AK : Être au Parti communiste, c'était pour moi l'idée selon laquelle la situation imposée à une partie de la population était profondément anormale et injuste et qu'il convenait de lui offrir les moyens de maîtriser son destin et son avenir, la condition d'une société plus désirable. La réalité a montré que tel n'était point le cas. Il n'empêche... Assez rapidement, je me suis rendu compte que beaucoup des gens que j'admirais, mes camarades, eussent été sans conteste redoutables s'ils avaient été au pouvoir. Et, dans ce cas, j'aurais eu à me battre contre eux. Il n'y a sur ce point aucun doute. J'ai vite acquis cette lucidité.

VP : J'ai connu le Parti communiste à quinze ans, quand je suis allée apprendre le russe à Yalta, dans des camps de jeunesse communistes. Je peux vous dire que ça m'a vaccinée. Assister, en Crimée, au début des années 1980, à tous les rituels communistes et se faire laver le cerveau par des commissaires politiques en herbe qui vous expliquaient que le communisme allait sauver le monde, alors que nous visitions des usines totalement délabrées et que les queues s'allongeaient devant des magasins vides... Un mois là-bas suffisait à vous immuniser définitivement !

J'avais voulu apprendre le russe à l'école d'abord par curiosité, parce que je suis fascinée par la littérature russe, Tolstoï, Dostoïevski..., et ce qu'elle révèle de l'âme russe. Il y avait une fougue de l'âme russe. Et puis, une partie de ma famille par alliance était russe. Bref, cela m'attirait. Chez nous, la curiosité était une vertu cardinale et l'on faisait tout à fond. Mon père m'avait dit : « Tu apprends le russe, eh bien tu vas aller l'apprendre chez les Russes». J'étais donc partie dans des camps de jeunesse communiste deux étés de suite. À l'époque, j'étais amoureuse du «docteur Jivago», Omar Sharif, et je dévorais l'ouvrage de Boris Pasternak, Prix Nobel de littérature. Mais mes camarades de camp de jeunesse russes, eux, n'en avaient jamais entendu parlé ! En fait, il était interdit... C'était la censure. Et le soir, vous aviez le «cours de doctrine». Forcément, vous sortez de là extrêmement critique.

AK : Donc, ce jugement, on le partage.

VP : Mais critique y compris sur ce qu'on m'enseignait au lycée. On m'y expliquait que la Russie était la deuxième puissance économique du monde. Et j'avais vu des voitures qui dataient des années 1950, des machines rouillées, des ascenseurs en panne...

AK : Dans mon cas, pourquoi cet attachement sentimental a-t-il été rompu ? Il l'a été comme un effet collatéral de l'annonce tonitruante de Georges Marchais : «Liliane, fais les valises, on rentre ! »

VP : (*Rires.*) Pour moi, la vraie prise de conscience politique remonte à mai 1997. La droite perd à cause du FN qui frise les 15 % dans mon propre pays. Et cela je ne peux pas l'accepter, je ne l'accepte pas, l'indignation est trop forte. À ce moment-là, j'estime que le temps est venu de s'engager pour les hommes et les femmes de bonne volonté de la droite modérée, de la droite républicaine. Je me découvre militante de droite le jour où le FN fait 15 %. Le jour où deux années de réformes engagées courageusement par Alain Juppé tombent à l'eau. Auparavant, je ne m'étais jamais vraiment posé la question. Pas en ces termes. Certains de mes amis, au Conseil d'État, ont été choqués parce qu'ils pensaient que j'étais de gauche ! J'ai découvert que, pour nombre de beaux esprits, on ne pouvait pas être « quelqu'un de bien » et être de droite.

Épanouissement humain

AK : La rupture du programme commun de la gauche a été très importante pour moi. Il faut voir que, pour un jeune homme de gauche, un militant dont le camp a perdu toutes les élections depuis qu'il s'y intéresse, l'espoir en 1977 était puissant, il y avait de fortes probabilités que la gauche l'emporte aux législatives de 1978. Et puis, rupture de l'Union de la gauche. Le Parti communiste se met à pilonner, par le verbe et les références idéologiques, ces rats lubriques, ces suppôts du capitalisme, ces traitres par nature que sont les socialistes de François Mitterrand. J'ai alors l'occasion de rencontrer le secrétaire de la fédération communiste de Paris. J'ai été à la direction de l'Union des étudiants communistes. J'étais un communiste important à cette époque, je collaborais avec les membres du comité central du Parti.

VP : Ah, je comprends mieux pourquoi vous avez un tel talent oratoire. Parce que la plupart des leaders socialistes qui ont ce talent sont d'anciens leaders de l'UNEF. Vous, ce n'est pas l'UNEF, ce sont les jeunesses communistes !

AK : Dégoûté par la rupture de l'Union de la gauche, je renvoie donc ma carte au candidat communiste de ma circonscription et je suis convoqué. Et j'explique que ce n'est pas possible, qu'il y a tout un peuple qui attend de gagner les élections et que, de par notre attitude, nous allons les perdre. Henri Fizbin, le secrétaire de la fédération me dit : « Mais non, l'union est un combat. » À la fin de notre entretien, il ajoute : « Tout se passe comme si tu pensais la défaite inéluctable. » Je lui réponds : « Évidemment qu'on va perdre, les Français ne sont pas sots. Comment veux-tu qu'ils fassent confiance à un attelage qui va à hue et à dia ? Ou chacun dit pis que pendre de l'autre avant même que de partager le pouvoir. » Il me regarde, pensif et déclare : « Tu vois, Axel, je pense que tu te trompes. Mais si par hasard nous perdons, alors je reconnaîtrai que tu as eu raison. » En effet, six mois après la défaite consommée, Henri Fizbin quittait lui aussi le Parti communiste.

En ce qui me concerne, je continue, après la défaite aux législatives de 1978, à être très favorable à l'Union de la gauche mais reste à l'écart des partis. J'avoue, et je ne regrette pas de l'avouer, mai 1981 est pour moi un jour immensément heureux. Je me rends bien entendu à la Bastille. Et c'est à cette occasion, afin d'aider au succès de cette nouvelle équipe, que j'adhère pendant un ou deux ans au Parti socialiste. Je les abandonne parce que, comme je l'ai déjà dit, je les trouve un peu « légers » et beaucoup plus sectaires encore que les communistes dont je venais de me séparer.

Je me suis demandé alors s'il ne convenait pas de se débarrasser de « l'écume des choses », de laisser la périphérie pour me concentrer sur un objectif central exclusivement éthique. Si je suis devenu un penseur, écrivain ensuite, de l'éthique, c'est persuadé de poursuivre le même combat qu'auparavant, la même réflexion, voire la même action, en me débarrassant de tout ce qui me semblait maintenant subalterne, en tout cas non nécessaire pour me concentrer sur la cible elle-même, l'homme et son épanouissement. Après tout, Malraux l'a dit : la politique ne se réduit pas à l'éthique, mais ne peut s'en dispenser. En effet, il n'est de projet politique légitime que s'il se fixe pour objectif de contribuer à l'édification d'une société propice à l'épanouissement de l'homme. Or il s'agit bien là d'un dessein éthique et même moral. En effet, j'ai eu l'occasion dans des ouvrages antérieurs de donner ma définition du Bien : c'est tout ce qui concourt à affirmer la valeur de l'autre et à en promouvoir l'édification. À l'inverse, j'appelle «Mal» les actions qui menacent l'autre dans sa dignité et dans ses droits. Or un programme politique qui annoncerait que son but ultime est d'aggraver le sort des gens, de fouler leurs droits aux pieds et de leur imposer un environnement social et économique avilissant ne ferait pas florès. Par conséquent, je m'efforce aujourd'hui d'approfondir la notion d'humanité de l'homme, d'en caractériser les traits saillants et d'en déduire la typologie de tout ce qui serait de nature à la menacer. C'est à l'aune de cette réflexion que j'apprécie les discours et les propositions de celles et ceux qui aspirent à nous gouverner.

L'individu l'emporte sur le collectif

VP : Je pense que si je vivais aux États-Unis, je serais démocrate. Mais le spectre politique en France est complètement désaxé. Par notre culture révolutionnaire, par Mai 68... Nous avons une gauche qui, aujourd'hui, est une gauche trop à gauche, beaucoup plus que la plupart des gauches européennes. Une gauche qui ne comprend pas ou n'admet pas les fondamentaux économiques, qui refuse de voir l'évolution du monde et qui peut même occulter certaines réalités, comme la nouvelle donne démographique liée à l'allongement de la vie, par exemple. Moi, je n'aime pas l'esprit de système. Je n'aime pas que l'on me classe dans une catégorie d'individus et que l'on me dise que l'on va faire mon bonheur en même temps que celui de tous les autres, tous ceux qui rentrent dans la même case. Je suis une personne qui rencontre d'autres êtres humains, d'autres personnes.

Je suis de droite parce que je crois que la responsabilité individuelle est la base de la responsabilité collective et qu'elle doit être préservée. Que chaque individu a le droit de voir son mérite et ses efforts reconnus et récompensés. Et je refuse que l'on fasse de la politique avec de l'idéologie et des théories toutes faites, au lieu de regarder en face la situation telle qu'elle est. Je ne crois pas aux cases, aux catégories bien formatées. Faire de la politique, c'est s'intéresser aux situations individuelles, c'est regarder ce que nous devons améliorer dans la vie de chacun.

La gauche française n'a pas le monopole du social, elle en a une vision très archaïque, fondée sur l'assistanat et la dépense publique, avec les gaspillages et les « trappes à pauvreté » qui vont avec. Je ne crois pas qu'on puisse régler l'essentiel des problèmes des Français en créant une nouvelle allocation pour telle ou telle catégorie. Je crois au contraire à l'éducation, à la culture, au travail, à la solidarité, mais aussi à la responsabilité. Je suis prête à me battre pour que chacun ait les moyens de réussir et de s'épanouir. Je veux que chacun ait sa chance et qu'il puisse la saisir. Mais je sais aussi que rien ne se règle d'un coup de baguette magique. Ce que je n'aime pas dans la gauche française, c'est son absence de pragmatisme, c'est sa manière de tout catégoriser, c'est l'idéologie qui imprègne ses décisions.

Ce qui me motive pour faire de la politique, c'est que je suis fière d'être française. Je veux que la France soit belle, que chaque Français s'épanouisse, que notre jeunesse ait un avenir meilleur et que chacun puisse faire son chemin. Mon père est parti de Gap, il est arrivé à Paris et sa fille est ministre de l'Enseignement supérieur. Il est professeur d'université et son père était mercier. Voilà, c'est ma vision de la France.

AK : Madame Pécresse, vous avez, avec beaucoup de talent et de sincérité, je crois, de justesse, indiqué ce que sont les valeurs de droite auxquelles vous êtes attachée. Pour ma part, même si je manifeste la plus grande suspicion envers la crédibilité de la plupart des actions politiques, je suis persuadé qu'existent des valeurs plutôt de gauche et d'autres plutôt de droite. Je me réclame sans ambiguïté des premières. Pour moi, le but explicite de l'action humaine, qui n'exclut pas l'exigence de qualité et accepte la compétition, est de permettre à chacun de développer toutes ses potentialités et de donner le meilleur de lui-même. Je reconnais que le mettre en concurrence avec les autres est un efficace moyen d'y parvenir. Cependant, sans préjuger de ces moyens et de leur efficacité, la finalité ultime doit être d'améliorer les conditions de vie de l'humanité dans son ensemble et de chaque être en son sein.

VP : Lorsque Nicolas Sarkozy m'a enrôlée dans sa campagne électorale, je me suis dit que c'était là l'homme qui allait réformer. Et j'ai totalement changé d'avis sur la réforme. Je croyais jusqu'alors, comme Jacques Chirac me l'avait enseigné, que les réformes doivent se faire une par une. Et qu'il faut sacrifier les moins importantes aux plus importantes. Quand on a sacrifié, en 2003, la réforme de l'université portée par Luc Ferry à celle des retraites, je me suis dit qu'il fallait être raisonnable et que l'on ne pouvait pas tout faire en même temps. Le problème, c'est que, quand on regarde rétrospectivement le mandat de 2007, on constate que l'on n'a pas fait assez de réformes. On a pris du retard.

J'adhère complètement à la conception du président de la République qui est de dire : « Il vaut mieux faire toutes les réformes en même temps. » Cela ne met pas plus de monde dans la rue. Et la France progresse sur tous les fronts. Celui de la réforme de l'État et des institutions, des retraites, de l'université, de l'accompagnement des salariés frappés par la crise... On aura un bilan digne de ce nom en 2012. Mon devoir, au sens fort du terme, c'est d'avoir un vrai bilan. De pouvoir dire, voilà la situation que j'ai trouvée en 2007 et voilà l'université que je rends aux Français en 2012. Et de pouvoir me retourner et me regarder dans la glace, en me disant que la mission qui m'a été confiée a été remplie.

2

Deux conceptions du monde, une même université

Optimisme ou pessimisme ?

VALÉRIE PÉCRESSE : Mon optimisme est viscéral, c'est celui de la volonté. Et c'est aussi mon moteur. La vie se charge de nous apporter son lot de problèmes, de drames parfois. Je suis de ce point de vue très lucide. Mais ma façon de les combattre, c'est l'espoir. C'est de puiser partout où elles se trouvent des raisons de construire, d'agir, d'avancer. Et, pour moi, c'est vouloir que nos enfants aient une plus belle vie que nous et tout faire pour qu'il en aille ainsi. C'est savoir qu'il existe, un peu partout, des esprits brillants qui travaillent pour que le monde de demain soit meilleur. Et c'est un peu la définition de l'université. Car si elle fonctionne bien, l'université rend optimiste. Elle contribue à rendre un pays fier de ce qu'il pense, fier de ses valeurs, de ce qu'il produit. Un pays fier de lui-même parce qu'il sait que ses enfants trouveront leur place dans le monde et y seront heureux. Je crois que l'on construit le futur que l'on s'est choisi. Et que le nôtre passe par l'université, la recherche, l'innovation.

Le problème de la France, c'est que l'on n'expérimente plus jamais rien. Lorsqu'un homme politique arrive avec une idée, au lieu de réagir en disant : « Expérimentons-la, ne serait-ce que temporairement, essayons, voyons ce que cela donne », on commence par une levée de boucliers. On caricature la mesure, on la dénature en disant : « On n'en veut pas ! » Nous baignons dans le désenchantement. Et nous l'avons transmis à nos enfants. Des études ont montré que nous avons la jeunesse la plus pessimiste au monde. Mais est-ce si étonnant, alors qu'on entend partout cette théorie du déclin français qui est devenue un prêt-à-penser, sur le mode : « La France va mal, tout allait mieux avant. » Et cette nostalgie se double d'une forme d'idéologie intégriste verte, qui estime que le progrès, en lui-même, est une source de terribles nuisances, voire de catastrophes. Ce pessimisme et ce déclinisme se nourrissent aussi de la mise en scène de la « fuite des cerveaux », de l'université française mal placée dans le classement de Shanghai. Les Français sont donc enfermés dans une logique d'autoflagellation. Pourquoi ? D'où vient ce mythe d'un âge d'or à jamais perdu ?

Il me semble que son origine se trouve dans notre incapacité à nous remettre en question depuis des décennies, à bouger et à avancer, avec, pour conséquence, une université bloquée, incapable de s'ouvrir au monde, repliée sur elle-même. Une université dans laquelle les étudiants n'avaient pas le droit de donner leur sentiment, parce que évaluer les enseignants ou les cours, ça ne se fait pas. Une université dans laquelle le mot « égalité », était plus fort que le mot « liberté ». Dans laquelle le mot « gestion » était un tabou absolu. Dans laquelle les idées de Mai 68, après avoir été un oxygène, étaient devenues un conformisme.

J'ai souvent entendu dire que l'université française était le lieu de la « démocratie ». En réalité, si l'on compare son fonctionnement avec celui des universités étrangères, on s'aperçoit que l'université française pouvait bien au contraire être regardée, avant la réforme, comme bien peu démocratique parce qu'elle n'associait pas suffisamment le monde extérieur à sa gouvernance. Il n'existait pas de systèmes de pouvoirs et de contre-pouvoirs à la Montesquieu : d'un côté la communauté académique et scientifique, de l'autre les usagers, les partenaires de l'université et ceux qui la financent. La solution passe – et c'est ce que nous avons fait avec la loi de 2007 – par une ouverture vers l'extérieur et l'introduction de personnalités étrangères à l'université dans les instances de décision : des représentants des collectivités locales ou du monde économique, par exemple. C'est cette ouverture que certains universitaires ont combattue... au nom d'une certaine conception de la démocratie.

Depuis des décennies, on assiste à un repli progressif de l'université sur elle-même, parce qu'elle se sent mal aimée, mal comprise, mal considérée par les gouvernements de droite comme de gauche. L'université s'est sentie concurrencée de manière déloyale par les grandes écoles et par les organismes de recherche, comme le CNRS ou l'INSERM, qui se sont créés en dehors d'elle. Ainsi, chacun s'est replié dans sa citadelle. Et l'université a dû porter seule la démocratisation de l'accès aux études supérieures sans en avoir véritablement les moyens. Grâce à la qualité de ses enseignants-chercheurs, elle a fait de son mieux pour assumer cette mission. Mais nous étions arrivés en 2007 aux limites de l'exercice. Notre système universitaire avait de plus en plus de mal à jouer son rôle d'ascenseur social.

Je suis fille de professeur et l'ascenseur social a très bien fonctionné pour moi. Pourquoi ? Parce que, à tous les moments où j'ai eu des problèmes scolaires, mon père, qui connaissait le système, me guidait pour trouver la bonne direction. La bonne option, les bonnes langues, le bon chemin... Seuls les initiés peuvent s'en sortir dans une société de trop grande reproduction sociale. Le malaise de notre université explique une partie du malaise de la société française tout entière : voilà ma conviction.

AXEL KAHN : Je suis moi aussi convaincu que l'université est l'un des ressorts de toute solution d'avenir. Elle est ce lieu de civilisation où l'on peut penser et construire l'avenir sans rien renier de son passé. Où persiste l'idéal d'un échange rationnel entre les êtres. Où l'on prépare aux métiers, aux manières d'être de demain tout en étant conscient de la richesse des leçons du passé. J'ai en commun avec vous, Madame la ministre, de considérer qu'il est peu de sujets plus essentiels pour la nation que l'enseignement supérieur et l'université, par où passeront la moitié au moins de tous les jeunes, ceux qui seront le plus en charge d'écrire l'avenir.

Suis-je optimiste ? Non, je ne le suis pas. Suis-je pessimiste ? Non, plus. Je suis surtout mobilisé. Mon analyse est inquiète.

VP : À ce titre, vous êtes totalement représentatif... (*Rires.*)

Un lieu de civilisation et un lieu de professionnalisation

AK : Pour moi, l'université est le lieu nécessaire et indispensable où les jeunes sont formés aussi bien à faire qu'à analyser ce pour quoi ils veulent faire. Le 11 septembre 2001, dix-neuf jeunes hommes éduqués, passés par d'excellentes universités européennes, précipitaient les avions qu'ils avaient détournés sur des bâtiments américains. Ils tuaient plus de trois mille personnes. L'une des multiples explications de ce phénomène du 11 Septembre, mais aussi de l'Allemagne nazie d'avant la dernière guerre, est liée à ce que ce monde dépourvu de finalité a engendré une université qui l'est aussi. Le but de l'école et de l'université est, certes, l'acquisition des connaissances et des compétences requises pour faire progresser la science, la technologie et l'économie. Cependant, on a peu à peu perdu de vue les objectifs globaux poursuivis. L'université, pour moi, est l'endroit où l'on discute du monde que l'on désire bâtir et où l'on apprend comment y parvenir. C'est le moyen de créer le monde que nous désirons. Vous, Madame la ministre, et moi pourrions dire : « L'université que nous aimons pour le monde que nous voulons. »

VP : Je partage votre vision idéaliste de l'université. C'est le lieu de rencontre des étudiants avec la pensée originale des plus grands chercheurs et des meilleurs professeurs. Un lieu de rencontre auquel les Français devraient avoir accès tout au long de leur vie professionnelle, ce qui n'est malheureusement pas suffisamment le cas dans notre pays.

Je partage votre vision d'une université « lieu de civilisation », mais je me différencie de vous en n'idéalisant pas le rôle qu'elle joue aujourd'hui dans notre pays. Elle pourrait rayonner beaucoup plus.

Mais permettez-moi de vous dire que vous avez une vision assez binaire du monde politique : progressisme à gauche et libéralisme à droite. Je ne me reconnais pas dans cette dichotomie simpliste. D'autant plus que je ne me reconnais absolument pas dans l'idée d'une droite ultralibérale qui aurait le libéralisme comme seul credo idéologique.

AK : J'ai établi cette distinction pour les besoins de la cause...

VP : Justement ! Moi, je me réclame d'une droite plus interventionniste, « à la française », si je puis dire. Une droite gaullienne. Une droite où l'État a un rôle de régulation à exercer. Un État qui respecte profondément la liberté et les convictions de chacun, mais qui organise cette liberté. L'État a un rôle à jouer. C'est d'ailleurs pour cela que je me suis lancée dans une réforme qui consacre la liberté et la responsabilité de l'université. Si le gouvernement était aussi ultralibéral que vous et d'autres le croyez, il aurait considéré que les universités devaient fonctionner selon les seules lois du marché et trouver par elles-mêmes les ressources nécessaires. Ce n'est pas du tout notre conception du service public d'enseignement supérieur. 95 % des moyens de l'université française sont des deniers publics. Au lieu d'augmenter les frais d'inscription payés par les étudiants pour financer la réforme, comme l'ont fait et le font bon nombre d'États étrangers, nous avons décidé d'augmenter massivement le budget universitaire, nous avons lancé un plan d'investissements d'avenir qui consacre 22 milliards d'euros à l'enseignement supérieur et à la recherche, nous avons injecté 5 milliards d'euros dans les campus... Nous sommes donc dans la tradition d'un État gaullo-pompidolien, extrêmement volontariste, qui veut changer l'université et qui s'en donne les moyens. On est loin de la tradition ultralibérale de la « main invisible du marché » ! Nous avons clairement fait le choix inverse. C'est-à-dire de ne pas faire payer les familles à la place de l'État, parce qu'on considérait que c'était une faute, je dirais même une faute nationale, de ne pas avoir investi dans les universités au cours des trente dernières années. Une faute que nous devions réparer.

Vous dites que l'université est un lieu de civilisation. Je suis totalement d'accord avec vous. Je pense qu'elle doit être le lieu où se forment les honnêtes hommes et femmes du XXIe siècle. Mais la question est de savoir comment faire en France où, depuis des siècles, les politiques et les décideurs ont sorti de l'université toute une série d'éléments d'excellence. Cela commence avec François Ier qui crée le Collège de France pour enseigner les disciplines que l'université de Paris ignorait alors. Quelques siècles plus tard, c'est Napoléon qui, poursuivant l'œuvre de la Révolution, décide que les cadres de l'armée et de l'industrie seront formés dans les grandes écoles, comme Polytechnique. Quant aux futurs professeurs, ils étudieront eux aussi, paradoxe des paradoxes, à l'École normale supérieure. Cette tradition n'a jamais cessé de se poursuivre : lorsque le général de Gaulle crée l'ENA, il le fait, là aussi, en dehors de l'université. Le résultat de tout cela, c'est qu'une partie des meilleurs élèves, qui sont dans les grandes écoles, ne rencontrera jamais une partie des meilleurs professeurs, qui sont à l'université.

Pour la recherche, c'est la même chose : en 1939, le Centre national de la recherche scientifique (CNRS) est créé, en dehors de l'université. Après le CNRS, c'est l'INSERM pour la recherche en santé, puis le CEA pour tout ce qui concerne l'atome. Au fil des siècles, il y a toujours eu des raisons d'éviter l'université : parce qu'elle était un lieu de conservatisme antirévolutionnaire, parce qu'elle était défavorable au pouvoir du moment... Est-ce la pensée libre qui fait peur ? Ou les choix politiques de l'université qui, à certains moments, ont contribué à l'isoler ? Est-ce parce qu'elle est mal organisée ? Toujours est-il que tout le système français s'est construit contre l'université.

Alors, certes, les collaborations existent, au sein de ce qu'on appelle les unités mixtes de recherche. Mais il reste qu'une partie de nos meilleurs chercheurs n'enseigne pas à l'université. Pour nos étudiants, c'est une vraie perte.

Mon objectif, c'est que l'on arrête aussi de dire à ces étudiants qu'ils perdront leur âme s'ils vont dans une entreprise, alors que les deux tiers d'entre eux vont travailler dans le secteur privé. Entrer dans le monde du travail nécessite d'avoir de la culture, des connaissances, mais aussi les capacités nécessaires pour les mobiliser, les utiliser et les mettre en valeur. Savoir travailler en équipe, faire des exposés oraux, maîtriser parfaitement le français, parler plusieurs langues étrangères, utiliser l'informatique... Les entreprises ont besoin de salariés ouverts et cultivés, créatifs et originaux. Pas de clones !

Si on veut que l'université rayonne, il faut qu'elle insère professionnellement. Si l'on veut que les jeunes soient optimistes, il faut qu'ils aient de vraies perspectives d'emploi au plus près de leurs choix personnels.

Et ce n'est pas si simple. Avant la loi d'autonomie, l'insertion professionnelle ne faisait pas partie des missions de l'université qui se limitaient à la formation et à la recherche. Ce sont les représentants de la Confédération étudiante de Julie Coudry qui sont venus me voir, dans ce bureau, pour me demander que la loi sur l'autonomie donne à l'université une troisième mission, l'insertion professionnelle. Avec un taux de chômage des jeunes de 20 %, ils considéraient que l'université ne remplissait pas pleinement son rôle en France. Et nous en étions tous collectivement responsables.

AK : Sur ce point, nous partageons les mêmes analyses. Le rôle de l'université, lieu de civilisation, est lié à la question du monde dont nous souhaitons l'avènement. Et l'université dont nous rêvons, que nous désirons édifier, assure la continuité entre la connaissance et l'analyse du passé d'une part, la capacité de penser, de maîtriser, d'embrasser l'avenir, d'autre part. Cela étant dit, l'université que l'on connaît aujourd'hui demeure en effet, par certains côtés, très éloignée de ce schéma idéal. L'avenir de l'université, lui non plus, n'est pas écrit et il est ce que nous en ferons. L'université est aussi le reflet de la société. Lorsque l'on voit des groupes asperger de déjections animales, de lisier, un président d'université... (à l'université de Brest, au printemps 2009).

VP : Parce qu'il est pro-autonomie et pro-réforme, et non parce qu'il est président d'université !

AK : Cela n'est pas l'université que j'appelle de mes vœux. De la même manière, je ne méconnais pas, étant en première ligne, les automatismes, les blocages, les égoïsmes, les égotismes, les conservatismes, les idéologies, qui se manifestent au sein de l'université. Il n'empêche que ce qu'il s'agit de construire, c'est ce lieu de civilisation. Il n'est pas, pour autant, question d'opposer civilisation et professionnalisation. Pour la bonne raison que toutes les civilisations du monde, depuis le néolithique, comportent une spécialisation du travail, c'est-à-dire une professionnalisation. Un lieu de civilisation prépare bien entendu à l'insertion professionnelle, forme normale d'organisation des sociétés. Aucun président d'université ne devrait quitter des yeux que son but principal est de délivrer des diplômes qui vaudront chance supplémentaire pour les diplômés de s'insérer dans la société en gagnant leur vie, en participant à l'édification d'une famille et en s'épanouissant grâce à l'ensemble des moyens intellectuels et matériels dont ils disposeront de la sorte. Il n'y a aucune opposition entre exigence professionnelle et lieu de civilisation.

En réalité, l'université que vous condamnez, celle qui considérerait que l'on perd son âme en s'intéressant à la valeur économique des diplômes que l'on délivre, a déjà cessé d'exister en dehors de quelques groupes très minoritaires.

VP : Minoritaires, peut-être, mais alors très actifs. Je suis prête à vous emmener à leur rencontre quand vous le voulez !

AK : En visitant bon nombre d'universités, il m'apparaît que l'idée de la professionnalisation est devenue une évidence pour tout le monde. L'idée du dialogue avec les tissus socio-économiques dans lesquels les universités sont insérées est une conception également acceptée partout. Mais qu'il y ait, au sein de l'université des représentants des mouvements qui se réclament de différentes formes de gauchisme, c'est vrai. Comme partout...

VP : Un peu plus que partout ! (*Rires.*)

Frustration et désespérance

AK : Un peu plus que partout... Le problème majeur, à vrai dire, réside en ce que s'est cristallisée une certaine forme de nihilisme liée à une frustration et à une désespérance du futur. Une partie des étudiants des universités y sont par défaut parce qu'ils n'ont pas pu être acceptés dans des filières sélectives. Ils se retrouvent en masse dans des cursus non sélectifs, et près de la moitié est éliminée au cours des première et deuxième années, en droit, psychologie, sociologie par exemple. Il existe donc une catégorie d'étudiants persuadés qu'ils ne décrocheront jamais de diplôme. D'autres, qui finiront par en avoir un, ont de quoi être anxieux quant à ce qu'ils pourront en faire.

VP : Cette situation était entretenue par un système qui finançait l'université au nombre d'étudiants et qui avait du coup des effets très pervers. Il incitait à favoriser une inscription massive, même en sachant qu'une grande partie allait échouer. Par ailleurs, comme l'a montré l'enquête nationale d'insertion professionnelle que nous avons menée, les diplômés à bac + 5 des formations en sciences humaines s'insèrent plutôt bien, mais sont trop souvent recrutés pour occuper des emplois de niveau bac + 3. D'où le fort sentiment de frustration et de ressentiment que vous décrivez.

Valoriser les compétences et pas seulement les savoirs : c'est tout l'enjeu. Or, dans les sciences humaines et sociales, mais aussi dans les sciences dures, jusqu'à une période récente, on pratiquait plutôt une très forte spécialisation, ce qui réduisait l'ouverture d'esprit et l'éventail des compétences. Il faut donc viser une formation pluridisciplinaire, qui apporte à l'étudiant les connaissances et compétences indispensables pour envisager sa vie professionnelle au XXIe siècle, et en même temps ne pas renoncer à une spécialisation de qualité qui fait l'identité de chaque diplôme. C'est vers cela que nous devons tendre aujourd'hui. C'est le but de la concertation sur la « nouvelle licence », un vrai diplôme pour l'emploi, que j'ai lancée en 2011. Je vais travailler avec les universités désormais autonomes, mais aussi avec les partenaires sociaux et le monde économique. L'État conserve tout son rôle dans la conception de bons diplômes universitaires : il doit garantir à chaque étudiant une formation et un diplôme de qualité, où qu'il étudie et quelle que soit sa discipline de prédilection !

AK : Pour en revenir au phénomène du gauchisme à l'université, notons qu'une importante proportion des étudiants sensibles aux analyses anarchistes ou gauchistes provient des classes moyennes basses. Certains d'entre eux en sont arrivés à considérer qu'ils n'ont rien à attendre et, par conséquent, rien à perdre. Cela revient un peu, toutes proportions gardées, à ce qui se passe dans les prisons de hautes peines lorsqu'il n'existe pas de remise de peine.

VP : Quelle horrible comparaison !!!

AK : Attendez... Lorsque vous avez des gens, même lorsque cela n'est pas vrai, qui sont persuadés qu'ils n'ont, comme je l'ai dit, rien à attendre ni rien à perdre, cela crée un ferment favorable à l'émergence d'expressions nihilistes. Telle est la raison pour laquelle c'est avant tout dans les universités de sciences humaines et sociales que ce type de comportement se manifeste. Après le nihilisme, la frustration. C'est la situation des maîtres de conférences qui ressentent une partie de leur métier comme un déclassement, une prolétarisation d'un métier intellectuel à bac + 9, très difficile à atteindre et qui devrait les placer dans l'élite de la nation. Ces nihilistes et ces frustrés créent un tissu qui peut être inflammable, voire explosif. C'est pour cela que, selon moi en effet, un peu plus qu'ailleurs, ces courants contestataires et gauchistes trouvent toute leur place à l'université, en particulier dans les facultés de sciences humaines et sociales.

VP : La frustration des maîtres de conférences est en effet un phénomène préoccupant. Il s'est produit un déclassement de l'intellectuel dans la société française depuis plusieurs décennies. Et il est d'autant plus dur à comprendre et à vivre qu'il y avait, dans notre pays, un vrai respect pour les professeurs et les chercheurs, qui se traduisait par une place exceptionnelle faite aux intellectuels. Autant le statut de l'université a toujours fait débat, autant les universitaires, en France, ont toujours été reconnus.

Derrière ce déclassement de l'intellectuel, il y a Mai 68, sans doute, mais aussi la question des moyens que l'État n'a pas investis dans l'université depuis des décennies parce qu'il la jugeait moins prioritaire que l'enseignement scolaire – c'était l'argument de la gauche – ou irréformable – et c'était l'argument de la droite. Quand plus d'un tiers des locaux où vous travaillez sont vétustes ou inadaptés, il vous suffit de jeter un simple regard à votre lieu de travail pour constater que l'État ne vous accorde pas la reconnaissance que vous méritez. Nos chercheurs et nos enseignants sont profondément désintéressés, c'est vrai. Leur métier, c'est d'abord une affaire de vocation. Et de passion, aussi. Mais le décrochage des salaires entre les métiers de l'université et ceux de la haute fonction publique, qui est désormais largement rémunérée par des primes, est inacceptable. À partir d'une certaine différence de niveau de vie, les enseignants-chercheurs peuvent considérer qu'ils ne sont pas reconnus à leur juste valeur dans la société.

Primes d'excellence

VP : Avec l'autonomie, nous avons voulu revaloriser les carrières de tous les personnels universitaires. Nous avons ainsi augmenté les promotions, permis l'intéressement collectif dans les laboratoires, mais aussi instauré des primes d'excellence et des primes de responsabilité pédagogique, des primes individuelles au mérite dans l'université comme dans la recherche. Cela a provoqué une levée de boucliers très forte. Parce que certains chercheurs ont considéré que cela ne correspondait pas du tout à la tradition française, qu'ils fournissaient un travail collectif et qu'ils refusaient cette individualisation des rémunérations. Et, pourtant, ces primes d'excellence attribuées aux meilleurs chercheurs par leurs pairs, c'est l'Académie des sciences qui m'avait demandé de les créer pour enrayer la fuite des cerveaux !

Je les ai donc instaurées sans hésitation malgré les réticences : si un chercheur ne veut pas de prime, il suffit qu'il ne la demande pas ou qu'il la refuse si on la lui propose. J'appartiens à une famille politique qui considère que le travail, le mérite et l'effort doivent être récompensés, y compris de manière sonnante et trébuchante. Et, franchement, je crois que le jeune maître de conférences qui vient d'être recruté et qui a besoin de se loger à Paris sera d'accord avec moi. La qualité se paie et elle se mesure d'une manière ou d'une autre dans tous les champs d'activité. J'ai été juge. C'est une activité qui ne peut être évaluée que par des pairs. Il existe une évaluation indépendante des magistrats par leurs pairs comme il doit exister une évaluation indépendante des chercheurs qui détermine en partie leur niveau de rémunération.

Certains universitaires m'ont reproché, parce que j'ai été formée dans une école de commerce, de parler beaucoup de gestion. Eh bien, j'assume ! Parce que, à partir d'un certain degré de désorganisation, de bureaucratie ou de difficulté à prendre des décisions, la mauvaise gestion engendre de la mauvaise science et de la mauvaise formation. Quand on n'a pas de bureau, pas d'ingénieurs de recherche, pas de système d'information, pas de locaux bien entretenus, il devient difficile, voire impossible de bien travailler. J'ai été formée à l'école du concret, du tangible. Je pense que la politisation excessive du processus de décision universitaire, la multiplication des conseils consultatifs, l'absence d'autonomie qui empêchait de faire de vrais choix, tout cela était devenu un fardeau pour l'université. Bien gérer, ça n'est pas transformer l'université en entreprise, c'est en faire un service public efficace et de qualité.

Au fond, la communauté universitaire souhaite cette évolution sans le dire. Les commentaires enthousiastes des universitaires en mobilité aux États-Unis en sont le signe : parce qu'ils trouvent là-bas tous les services et le confort qui leur manquent ici. Quel paradoxe que ce mélange de répulsion et de fascination que suscite le modèle universitaire anglo-saxon chez les scientifiques français ! C'est l'antimodèle. Le lieu de l'argent roi... Pourtant, la pensée libre américaine se trouve bien dans les universités. C'est là qu'on trouvait les anti-Bush les plus actifs. On voit bien que la bonne gestion ne tue pas la pensée libre. Au contraire, en libérant les chercheurs des contraintes administratives et matérielles, elle permet à une pensée originale de s'épanouir et de se répandre avec d'autant plus de force dans le monde. Le drame des intellectuels français est bien là. Une université sous-dotée, mal organisée, ne rayonne pas dans le monde d'aujourd'hui et c'est tout le modèle culturel français qui s'en trouve affaibli.

AK : Bien entendu, la bonne gestion n'est pas une valeur de droite alors que le laisser-aller et la gabegie caractériseraient un comportement de gauche. Aucun camp, si je puis utiliser ce terme, n'est justifié à réclamer l'exclusivité de l'esprit de responsabilité. Gérer de manière prudente et ambitieuse consiste à faire le meilleur usage des moyens alloués, à maximiser les bénéfices qu'on peut en tirer, dans l'intérêt général, s'il s'agit de l'université. En ce sens, il existe une réelle valeur éthique à bien gérer. Par ailleurs, je vous rejoindrai sans doute sur un point concernant Mai 68. Je considère qu'un élément de cet héritage a fait un mal considérable à la société française. Il s'agit de l'assimilation, du transfert mécanique à l'école et à l'université des rapports de classe entre salariat et patronat. En d'autres termes, le prolétaire de l'école serait l'élève et le représentant du patronat serait le professeur. Ce qu'il y a d'humaniste dans la transmission de maître à élève, entre deux êtres à égalité de valeur mais inégalité de connaissances et d'expérience, dans un geste profondément altruiste, a été condamné comme représentant la permanence d'un système de domination. C'est là un contre-sens épouvantable. Pour moi, il existe une relation du maître à l'élève mais elle n'implique pas la domination de l'un par l'autre. Le maître considère qu'il n'y a rien de plus urgent que de permettre à l'élève de le rejoindre et de le dépasser, qu'il doit lui en donner les moyens. Cela exige une vraie sympathie de l'un à l'autre, doublée d'une authentique empathie. La transmission des savoirs n'est pas un acte de domination.

VP : C'est vrai que le respect du professeur se perd...

Connaissance et compétence

AK : La connaissance, pour moi, possède plusieurs fonctions. La première est liée à une caractéristique curieuse du mammifère humain : la curiosité de connaître, la capacité de savoir et l'aptitude à transmettre. L'accès à la connaissance est donc l'une des caractéristiques fondamentales de l'être humain. La deuxième est de permettre à *Homo sapiens* d'être libre. Comment le serait-il en ne sachant rien des éléments déterminant son projet et ses choix. Hors de la connaissance, il n'y a que soumission aux contraintes de ce que l'on ne maîtrise pas. La connaissance, c'est également le moyen de la réalisation d'un projet. L'homme dispose de la liberté d'élaborer des projets qui doivent s'appuyer sur la connaissance, sinon elle devient un chemin aléatoire et ne saurait équivaloir à un libre arbitre. La connaissance, c'est aussi ce qui permet de vivre en donnant sens au monde qui nous entoure, sans cela inintelligible et par conséquent inquiétant. Comment exprimer son humanité dans un monde où l'on serait menacé par une série de phénomènes auxquels l'on n'entendrait rien ? Dans l'histoire, la quête de vérité a débuté par l'invention des divinités dont la volonté ou la fantaisie tenait lieu de première explication. Puis l'homme a inventé la rationalité, métaphysique puis scientifique. Je me retrouve bien entendu dans l'objectif d'une société de la connaissance. Je prétends être l'un de ceux qui contribuent, avec les moyens que j'y ai investis, à l'édification d'une telle société. En revanche, je considère aussi réducteur de ramener une telle société à l'économie de la connaissance. La connaissance permet de bâtir l'avenir. Comment le faire sans projet économique, c'est-à-dire sans moyen de réaliser ce que l'on a identifié comme but juste et désirable ? À l'évidence, l'économie moderne doit (ou devrait) se fonder sur la connaissance. Cela dit, le savoir, le gai savoir, a bien d'autres dimensions. Il est la condition de l'édification de soi, une référence essentielle à la construction et à l'évolution des sociétés. La connaissance, c'est tout cela ; en bref, c'est la condition d'être homme. De concevoir l'avenir et de le bâtir.

VP : Sur ce sujet, je suis profondément « réac », comme diraient mes enfants. Je pense que la société française a besoin de remettre la connaissance à sa vraie place, c'est-à-dire à une place élevée. Je trouve que nous ne sommes plus assez exigeants avec nos jeunes aujourd'hui. Sur l'acquisition des savoirs fondamentaux et la maîtrise de notre belle langue, mais aussi lorsqu'il s'agit du rapport de l'élève au maître. Vous l'avez dit. Je pense qu'un respect, une distance, sont nécessaires face à ceux qui ont eu accès à la connaissance, qui l'ont cultivée et qui la maîtrisent.

Cela étant dit, vis-à-vis des étudiants, j'ai toujours adopté une attitude inverse de celle des hommes politiques de la droite traditionnelle. Au lieu de les infantiliser, j'ai considéré dès le départ qu'ils étaient des adultes. Les étudiants sont majeurs, ce sont des citoyens et donc des partenaires légitimes du dialogue qui s'est engagé sur l'avenir des universités. J'ai fait le pari de m'appuyer sur eux en tant que force motrice dans l'université pour lutter contre les conservatismes et les vieilles habitudes. L'expérience me permet de dire que c'était le bon choix. Malgré la politisation marquée de certaines organisations étudiantes, elles ont accepté de jouer un vrai rôle comme acteurs du changement, bien loin du mouvement anti-CPE de 2006.

Néanmoins, il n'y a rien qui m'agace plus dans la France actuelle que ce relativisme ambiant sur le mode : « Je suis un être humain, donc j'ai la connaissance. » Non, non, personne n'a la connaissance infuse. Elle se transmet, elle s'acquiert, c'est difficile, ce n'est pas simple. À l'heure d'Internet, chacun estime sa parole légitime sur tous les sujets, sa pensée informée, éclairée, et son raisonnement fécond. C'est évidemment inexact et c'est une dérive de la société de l'information. Chacun a le droit de penser ce qu'il veut et d'exprimer son opinion quelle qu'elle soit. Cela s'appelle la liberté d'expression. Mais personne n'a le droit de dire qu'il sait quand il ne sait pas. L'opinion est une chose, la connaissance en est une autre !

AK : Je suis d'accord avec vous mais je ne prétends pas être réactionnaire pour autant, Madame la ministre... (*Rires.*)

VP : C'est réactionnaire par rapport à 68, par rapport au relativisme ambiant. Je suis une femme de dialogue, de débat, je n'ai eu aucune réticence à négocier une réforme cruciale avec les jeunes eux-mêmes. Mais je n'aime pas quand un jeune étudiant ou un lycéen me dit : « J'ai lu votre réforme sur Internet, elle est mauvaise, je vais vous expliquer pourquoi. » Et avant même que j'aie eu le temps de lui répondre : « Écoutez, je vais vous dire pourquoi elle est bonne à mes yeux », il me rétorque déjà : « Pourquoi ? Je ne suis pas assez intelligent pour l'avoir comprise ? » Encore une fois, je respecte l'opinion et je crois au débat. Mais pour débattre, encore faut-il accepter de soumettre son opinion au débat. Quand on pense avoir la vérité infuse, on ne débat plus, on assène !

Nous ne savons plus reconnaître la valeur de la parole de celui qui sait. Aujourd'hui, quand on parle du changement climatique ou d'autres sujets scientifiques, la voix des chercheurs n'est pas entendue, n'est pas respectée comme elle devrait l'être. Dans l'univers médiatique, une émission de télévision ou de radio par exemple, les animateurs estiment souvent, sans doute par obsession des règles de la démocratie politique, que le pour et le contre doivent avoir le même temps de parole, 50/50. Cela veut dire que la parole de l'opposant a la même valeur que la parole du chercheur. Or cela n'est pas toujours vrai. Le chercheur a étudié pendant des années. Il a travaillé le sujet. Il le connaît. Il sait ce qui est certain dans l'état actuel de la science et ce qui fait encore débat entre les scientifiques. On ne peut pas faire comme si sa parole n'avait pas un certain poids, une valeur particulière !

Pour en revenir à l'éducation, je pense que nous avons été trop laxistes à l'école sur la qualité de l'expression écrite et orale et sur la maîtrise de la langue française. C'est un vrai problème. Rien de plus socialement discriminant, rien de plus scolairement et professionnellement handicapant que de mal maîtriser sa propre langue. Et je ne parle pas seulement des jeunes qui décrochent dès le collège. Je parle aussi des diplômés de l'enseignement supérieur, en STS (sections de technicien supérieur), en IUT, à l'université ou ailleurs.

Nous ne pouvons pas attendre que les réformes de l'Éducation nationale, qui mettent l'accent sur les savoirs fondamentaux, portent leurs fruits si nous voulons une vraie égalité des chances à l'université. J'ai décidé de lancer la bataille du français ! L'université, dans ses filières non sélectives, accueille des bacheliers qui ont parfois de sérieuses difficultés. Pas question de les laisser sur le bord du chemin.

AK : Globalement, 25 à 30 % des étudiants finissent par obtenir un master. Pour les licences, on parvient à 53 % de succès, et cela reste inférieur à 10 % pour les docteurs, mais tout le monde ne peut pas être docteur. Cela veut dire que près de 40 % des étudiants quittent l'université sans diplôme. Ce qui représente un gâchis considérable.

Toutes les compétences ne sont pas fondées sur les connaissances rationnelles. La compétence technique précède de plusieurs centaines de milliers d'années les connaissances à proprement parler. Il s'agit d'un savoir-faire qui n'est pas rationalisé, qui se transmet de maître artisan, de maître tailleur de pierre aux apprentis, jeunes compagnons et élèves, de parents à enfants et qui ne comporte aucune analyse rationnelle systématique. La science ne date que de cinq mille à cinq mille cinq cents ans dans l'histoire de la pensée. Cela étant dit, une grande partie des compétences est aujourd'hui fondée sur des savoirs, en particulier scientifiques et techniques. La professionnalisation exige les unes et les autres. Qu'il s'agisse de la compétence de l'apprentissage technique fondée surtout sur la répétition de l'expérience ou bien d'une compétence qui repose sur la maîtrise et l'intériorisation de la connaissance, de ses fondements et de ses principes, il s'agit bien de la base d'une professionnalisation efficace. Nous savons, nous autres présidents d'université, et vous le savez aussi, que, dans le monde aujourd'hui, les trois quarts des étudiants auront à exercer un métier différent de celui qu'ils ont appris.

Si bien que, si la compétence est importante, ce qui l'est aussi, ce sont les savoirs qui permettront, au cours de sa vie, d'en acquérir de nouvelles. Il n'y a de la sorte nul besoin de séparer et d'opposer connaissance et compétence. L'université s'efforce de transmettre les unes et les autres et c'est sans doute là l'un de ses avantages par rapport au formatage traditionnel des grandes écoles, même si cela commence à évoluer. L'acquisition des connaissances et la formation par la recherche, richesses de l'université, permettent de tout remettre en question, y compris sa propre pratique et de se relancer dans le monde. Je prends souvent un exemple. Imaginez les compétences de tous les techniciens et ingénieurs qui travaillaient dans la photographie argentique. Aujourd'hui, pour l'essentiel, ce champ s'est totalement effondré. Il n'existe plus. Il aurait été souhaitable que l'on eût formé ces jeunes, non seulement aux techniques de la pellicule sensible fondée sur la réduction des sels argentiques, mais également au traitement numérique de l'image. Et ils seraient aujourd'hui, dans ce cas, des informaticiens pouvant s'adapter à la photographie numérique.

VP : Le point fort de l'université qui reste irremplaçable et que les grandes écoles ne donnent pas, à quelques exceptions près, et qui fait du coup défaut à une partie des cadres dirigeants de la société française, c'est la formation par la recherche et à la recherche. Le jeune homme, ou la jeune femme, qui a fait un master à l'université aura fait un mémoire de recherche, il aura dû se confronter à un problème non résolu et inventer la démarche, parfois même les concepts, qui permettent de le surmonter. Ce qui le rendra beaucoup plus créatif qu'un jeune au parcours équivalent dans une grande école. Je le vois parce que j'ai mêlé, dans mon cabinet, quelques anciens de grandes écoles à de nombreux universitaires. Ce n'est pas du tout le même mode de pensée.

Université et grandes écoles

AK : Le diplômé de l'université a aussi été formé pour réinventer un futur différent. Bien entendu, le formatage en compétences des écoles d'ingénieurs classiques est remarquable. Cela étant dit, la formation à et par la recherche, cette remise en question par le réarrangement du réel qui donne capacité de préparer une insertion dans un avenir professionnel différent, est meilleure à l'université. Ce que l'on a à offrir, en particulier avec le doctorat, par rapport aux ingénieurs sortant des moyennes et grandes écoles, c'est cela. Non seulement on tente d'augmenter leur niveau de compétences à travers les stages et la professionnalisation mais on s'efforce aussi de convaincre les entreprises que si elles ont besoin de salariés immédiatement employables – certes c'est exigible –, il leur faut en même temps des collaborateurs qui pourront faire face à la totale incertitude de l'avenir des filières dans laquelle ils s'engagent. Tel est le fondement des arguments que nous tentons, nous autres présidents d'universités, de faire valoir auprès des entreprises, en particulier pour les convaincre, autant que nous en sommes nous-mêmes convaincus, de la valeur de nos docteurs en tant que collaborateurs. En effet, alors que, dans le monde entier, le docteur d'université est le diplômé du plus haut rang recherché par les secteurs public et privé, les sociétés en France ont l'habitude de recruter en priorité, pour ces fonctions de niveau élevé, des ingénieurs de grandes écoles. Il ne s'agit pas de jouer les uns contre les autres mais de réaffirmer l'évidence : à des postes de responsabilité, la formation par la recherche est indispensable, le doctorat est inégalable. D'ailleurs, pour réagir, les grandes écoles forment aujourd'hui de plus en plus d'ingénieurs-docteurs.

VP : Les grandes écoles fonctionnent d'abord sur le mimétisme. Il faut reproduire un certain mode de fonctionnement intellectuel : la note de synthèse de l'ENA en était la caricature. À l'université, l'étudiant doit trouver de nouvelles idées, changer d'approche, renouveler le sujet. Ce qui est très différent. En revanche, je regrette vraiment que les compétences ne soient pas suffisamment développées à l'université. Des compétences dont on a besoin dans la vie. Par exemple, le travail d'équipe, les stages, la négociation, les études de cas... Tout cela commence heureusement à se faire un peu partout. Certaines filières universitaires n'ont pas attendu la réforme pour s'y engager. Mais les langues étrangères restent dans un état dramatique. La France qui a une vocation universelle devrait vraiment axer son université sur leur apprentissage. Et sur notre expertise en matière de langues rares. Quand j'ose dire que je veux des étudiants bilingues anglais, je me fais vertement critiquer. Pourtant, tout le monde sait bien la vérité : désormais, l'anglais n'est plus une langue étrangère. C'est devenu un véhicule de communication universel. Si on ne le parle pas, on est handicapé pour faire carrière ou trouver un emploi, même dans les secteurs protégés de la concurrence internationale, comme le tourisme ou la restauration.

AK : Il faut se rappeler comment les grandes écoles ont commencé à être créées, vous y avez fait allusion il y a un instant. L'université, à cette époque, formait de futurs enseignants. À part en médecine, droit et dans quelques autres disciplines, les universités étaient ce lieu d'où sortaient presque exclusivement les assistants et professeurs de l'université elle-même. D'abord la monarchie absolue avec Colbert, puis l'État napoléonien centralisé et militaire, à travers des écoles comme les Ponts, les Mines, Polytechnique ou Saint-Cyr, ont eu besoin de former les ingénieurs, les cadres de l'armée puis les très grands commis de l'État pouvant accomplir ce que la modernité, la puissance et le développement du pays exigeaient. Par conséquent, face à cette université qui produisait des savoirs et considérait comme de la prostitution d'enseigner des techniques, il a bien fallu doter notre pays d'écoles où l'on puisse acquérir ces dernières. Peu à peu, ce système est devenu dramatique parce que, de par la complexité et la rapidité du progrès, une technique que l'on apprend a une durée de vie limitée. De ce fait, si l'on acquiert un savoir-faire sans former son esprit aux concepts et méthodes de la recherche qui permet de le transformer ou de le remplacer, on ne peut être l'un des moteurs de la société de demain. Et l'on a abouti à un système où les mieux formatés des esprits, pas forcément les plus créatifs, étaient orientés vers des écoles qui leur donnaient des compétences certes remarquables mais à durée de vie de plus en plus limitée. Et un contact très faible avec la recherche qui confère l'aptitude à penser les solutions de demain. La recherche consiste à inventer ce qui n'existe pas encore. Notre pays a terriblement pâti de ce système schizophrène. Un rapport de l'OCDE sur l'enseignement scolaire et universitaire fait ressortir que nos enseignements primaires et secondaires sont épouvantables et s'aggravent d'année en année. Les meilleurs élèves qui ont échappé à cette médiocrité du système scolaire vont dans les grandes écoles. Et, malgré tout, le système universitaire français, qui doit, certes, être perfectionné, se révèle tout de même honorable. Dans l'échelle des nations, nous devons nous situer à la neuvième place. Un classement bien meilleur que celui du système scolaire (vingt-deuxième place sur soixante-cinq pays de l'OCDE). Nous avons donc dû surmonter à la fois le handicap du faible niveau de la formation initiale et celui de l'échappée des meilleurs élèves vers les grandes écoles. Quand on regarde l'origine des recherches qui font le prestige de la France, 80 à 90 % d'entre elles proviennent de l'université. Cette dernière sélectionne ceux qui ne sont pas assez bons pour aller dans les grandes écoles et, malgré tout, ces élèves parviennent à tenir un certain rang et à être à l'origine, avec les organismes de recherche créés pour pallier les déficiences de l'université, de l'essentiel de la création scientifique du pays. La France reste ainsi un grand pays scientifique même si elle perd des places dans le concert des nations, surtout du fait de la montée en puissance des pays émergents.

Démocratisation et sélection

VP : Nous faisons partie des grands pays de science qui ont du mal à devenir des grands pays d'innovation. Pour abonder dans votre sens, je pense qu'au moment où les grandes écoles ont pris leur essor, l'université s'est repliée sur sa vocation académique, celle de former les professeurs et les chercheurs. Cela a changé à partir des années 1960 avec la démocratisation de l'enseignement supérieur. Y sont arrivés des centaines de milliers de jeunes. Quand près de 20 % d'une génération passaient le baccalauréat, les choses étaient simples : une partie allait dans les grandes écoles et une autre à l'université pour assurer le renouvellement des élites intellectuelles. Mais, dès que vous avez plus de 60 % d'une classe d'âge qui peut entrer à l'université, vous ne pouvez plus leur dire qu'ils vont tous devenir professeurs ou chercheurs... Ce discours, un certain nombre d'enseignants le relaient pourtant encore. D'où la frustration de ces étudiants qui pensent devenir professeurs. Lors d'une visite à Strasbourg, je rencontre les manifestants qui m'attendent et qui me demandent : « Madame Pécresse, pourquoi venez-vous ici ? » Je leur réponds que je suis là parce que nous allons fusionner les trois universités de Strasbourg et qu'ils auront du coup la chance de recevoir un diplôme européen visible depuis le monde entier. Ils me disent alors : « Mais à quoi cela nous sert-il d'avoir un diplôme plus visible au niveau mondial alors que nous, la seule chose qui nous intéresse, c'est de passer le Capes. La seule chose utile que vous pouvez faire pour nous, c'est d'augmenter le nombre de places au Capes. » Ils ne voyaient pas leur vie ailleurs que dans l'enseignement. Mais il est parfaitement impossible de faire entrer chaque année près de cent mille jeunes dans l'enseignement, ou même dans la fonction publique !

AK : Dans les filières non sélectives, un nombre non négligeable d'étudiants en première année de licence n'a pas les moyens nécessaires pour conduire des études universitaires. Que peut-on faire ? Un diplôme d'université, c'est important. Vous ne pouvez pas, en première année de licence, rattraper tout ce qui n'a pas été fait en primaire, puis en six ou sept ans de secondaire. C'est une difficulté majeure. Nous avons des jeunes qui sont reçus au bac général avec 10,3 de moyenne et qui ont une très mauvaise maîtrise des langages de base, du français, de l'anglais, de l'informatique et des mathématiques. Je ne parle même pas des bacs professionnels et techniques. Or l'université exige, normalement, les bases nécessaires de ces langages essentiels.

VP : Ah... Vous êtes aussi réactionnaire que moi ! Mais je serais moins dure que vous sur le secondaire. Les collèges et les lycées ont dû faire face au défi de la démocratisation. Qui peut s'en plaindre ? Nous devons désormais entrer dans une logique qualitative. Il faut personnaliser l'enseignement qu'on donne à chaque jeune. Le mythe du collège unique, à mon avis, a fait long feu. Revenir à une sélection et à une orientation précoce serait absurde. Mais il faut sortir de la logique d'un enseignement uniforme qui a montré ses limites. Nous avons besoin d'un accompagnement individualisé pour permettre à chaque élève de maîtriser, à son rythme et selon ses capacités, un vrai socle commun de connaissances et de compétences. Or la personnalisation a un coût et elle nécessite donc que l'on fasse des économies par ailleurs. C'est là que butent toutes les réformes. Pour réussir, nous avons besoin d'une très forte dose de réorganisation dans le secondaire comme dans le supérieur.

Il n'y a pas très longtemps, j'étais à Égletons, en Corrèze, où il y a un centre universitaire qui a commencé avec un département d'IUT de génie civil et de travaux publics, qui a noué des liens exceptionnels avec le monde économique et qui est renommé dans la France entière. Il marche tellement bien que nous y avons ouvert une licence professionnelle, puis un master professionnel en alternance. Pourtant, de nombreux jeunes sont refoulés chaque année à l'entrée faute des moyens nécessaires pour les accueillir. Et les entreprises qui seraient prêtes à les prendre en stage sont, elles aussi, frustrées ! J'ai demandé au président de l'université de Limoges, dont dépend l'IUT, pourquoi il ne lui attribuait pas plus de moyens, compte tenu de cette demande. Maintenant que l'université est autonome, elle est libre de ses choix et elle pourrait donc parfaitement le faire. Il m'a répondu qu'il était d'accord, mais qu'il ne pouvait pas transformer des hellénistes en professeurs de génie civil. C'est vrai qu'il ne peut pas le faire d'un coup de baguette magique. Pourtant, à un moment donné, il faut pouvoir redéployer des emplois vers les formations qui offrent des débouchés sûrs aux étudiants.

Bien entendu, je ne veux pas la mort des hellénistes ! Bien au contraire, je crois que nous devons inventer de nouveaux diplômes de grec ancien ou de latin, plus ouverts sur d'autres disciplines avec, par exemple, des enseignements de droit, d'économie... Ou créer des doubles diplômes qui seront des filières d'excellence. Pourquoi pas ? Quand vous sortez de Cambridge avec un diplôme de grec ancien, vous pouvez devenir aussi bien banquier que diplomate ou assureur.

Autonomie et ouverture sur le monde économique

VP : En fait, il y a deux camps parmi les partisans de l'inertie. Il y a ceux qui veulent surtout que rien ne bouge. Et puis il y a ceux qui voient que les choses ne vont pas bien, mais qui craignent que cela soit pire après ! C'est cette forme de résignation que nous avons ressentie dans la communauté universitaire : au fond, je passais au mieux pour une utopiste, au pis pour une irresponsable qui prenait le risque de casser ce qui fonctionnait dans notre système universitaire pour créer autre chose qui, de toute manière, ne pourrait jamais marcher. (Ils avaient sans doute tort.) Près de quatre ans après, j'ai le sentiment que les acquis de l'autonomie sont déjà perceptibles.

Aujourd'hui, les universités autonomes sont décomplexées. Décomplexées vis-à-vis des grandes écoles, décomplexées vis-à-vis des organismes de recherche. Avec leur nouveau conseil d'administration, les universités deviennent beaucoup plus stratèges, elles s'intéressent davantage à leur politique de recherche, elles repensent leurs cursus de formation pour favoriser la réussite et l'insertion professionnelle de leurs étudiants. Elles sont devenues des acteurs de la recherche à part entière, avec lesquels les organismes traitent d'égal à égal. Depuis l'arrivée d'Alain Fuchs à la tête du CNRS, on ressent ainsi une vraie volonté d'accompagner les universités dans leur autonomie.

Et, objectivement, il se passe dans les universités des choses absolument remarquables en ce moment grâce à la mobilisation sans faille des femmes et des hommes qui la composent. Je vais leur rendre hommage une fois pour toutes et j'arrêterai sinon vous m'accuserez de flagornerie. C'est vrai que le changement dépend d'abord des acteurs de l'université. On voit émerger des présidents, des conseils, des équipes pédagogiques et de recherche qui ont une vraie vision pour leur université, qui travaillent avec tout le monde et qui donnent un nouveau rayonnement à leur établissement.

Hier, l'université de Rennes 2 est venue présenter son projet pour la réussite des étudiants en licence : Rennes 2, cette université qu'on qualifie parfois de gauchiste, est en train de signer une convention de professionnalisation de ses diplômes de sciences humaines et sociales avec le MEDEF de Bretagne !

AK : Vous remarquez que c'est ce que je vous ai affirmé lorsque vous me présentiez le visage d'une université qui persisterait à considérer que c'est perdre son âme que de pactiser avec l'entreprise. Je vous ai dit, Madame la ministre, que cela n'est plus le cas. Il y a encore des courants gauchistes au sein de l'université, on en a fait l'analyse sociologique, mais, pour ce qui est des équipes présidentielles, je n'en connais en fait aujourd'hui aucune qui n'essaie de nouer des liens, avec bien sûr plus ou moins d'habileté, avec les milieux socio-économiques, y compris avec les syndicats professionnels et patronaux.

VP : Quels changements depuis trois ans. Quand je suis arrivée les étudiants manifestaient au son de : « Vous allez privatiser l'université, vous allez vendre l'université ! On n'est pas de la “chair à patron”... »

AK : C'était particulièrement absurde. C'était une méconnaissance complète des réalités économiques de l'université.

VP : Est-ce que vous n'aviez finalement pas besoin de nous, excusez-moi, de la droite, du gouvernement et de Nicolas Sarkozy pour vous emmener sur ce chemin difficile à emprunter vis-à-vis de vos collègues de la communauté universitaire ?

AK : Certes, vous nous y amenez. Mais je désire vous rappeler que la première réconciliation du monde académique et, de façon plus générale, de la gauche avec l'entreprise, c'est l'arrivée de François Mitterrand qui l'a créée. La gauche au pouvoir a bien vite été convaincue que, pour faire marcher le pays, il y avait besoin, aussi, des entreprises françaises.

VP : Enfin... La loi Savary n'a pas été, de ce point de vue-là, un véritable succès...

AK : Je vous concède que la prise de conscience du rôle des entreprises dans l'avenir du pays a été asynchrone selon les disciplines et les secteurs. Dans les laboratoires, cela fait dix à quinze ans que plus personne ne proteste à l'idée de passer un accord avec les entrepreneurs. Je vous rappelle que moi, Axel Kahn, dont on connaît les idées de gauche, j'ai été directeur des sciences de la vie de Rhône-Poulenc Corporate. J'ai présidé le conseil scientifique pour la biologie du fonds d'investissement de la Société Générale Asset Management. J'ai été consultant pour la biologie de L'Oréal. Le début du chemin, c'est sans doute ce principe de réalité de la gauche au pouvoir. Que voulez-vous que je vous dise ? Principe de réalité, parce qu'on ne peut bien sûr gouverner contre les entreprises de France.

VP : Cela dit, il reste encore des freins à faire sauter, des compétences nouvelles à acquérir, car il ne suffit plus de nouer une relation entre les chercheurs publics et une entreprise : il faut que l'université embauche des professionnels pour gérer la propriété intellectuelle, le dépôt de brevets, les preuves de concepts, les licences données à des *start-up* ou pour faire de l'amorçage et de l'aide à la croissance des jeunes entreprises innovantes... Le plan d'investissements d'avenir donnera des moyens pour cela.

AK : La recherche, c'est le bras armé de l'industrie, même si elle n'est bien entendu pas que cela. En créant un ministère de l'Industrie et de la Recherche, Jean-Pierre Chevènement a eu la vision d'une profonde articulation entre ces deux domaines. Par la suite, la loi Strauss-Kahn, en particulier, a contribué au décloisonnement entre recherche académique et valorisation entrepreneuriale. Cela pour rappeler que tout un courant de la gauche a joué un rôle clé dans le rapprochement entre le monde académique et l'entreprise. Vous y avez contribué, vous aussi, lorsque vous êtes arrivée au ministère. Je ne le nie pas. Mais il ne faut pas méconnaître l'apport de vos prédécesseurs.

VP : Je pense que vous avez raison. Mais cela a touché essentiellement les organismes de recherche. En revanche, l'université est restée très rétive. Quand je suis arrivée en 2007, il n'existait encore qu'une seule fondation universitaire pour drainer les fonds des mécènes privés. Aujourd'hui, nous en avons trente-cinq et elles ont récolté plus de 71 millions d'euros. Cela fait naître des coopérations inédites avec les entreprises. Et cela n'existait pas avant !

AK : Il n'y a pas de doute que l'autonomie des universités facilite le partenariat avec le monde socio-économique. De cela, je me réjouis. Cela dit, quant à l'importance de la contribution financière du privé dans le développement des universités, il convient d'être réaliste et de ne pas se payer de mots ; elle reste et restera longtemps marginale. Aujourd'hui, si j'exclus la dotation en capital de réseaux thématiques, telle l'École d'économie de Toulouse, le capital total drainé par les fondations universitaires (ou partenariales) est proche de 30 millions d'euros, soit des revenus utilisables de l'ordre de 850 000 euros par an pour l'ensemble des universités ! S'y ajoutent bien sûr des fonds consommables, des chaires par exemple. Pour donner une idée, l'ensemble de ces revenus issus de la Fondation Paris-Descartes devrait atteindre, en 2012, 600 000 euros, à comparer à un budget annuel (y compris celui venant des organismes de recherche) de 450 millions d'euros, soit un peu plus de 1 pour mille ; et nous ne sommes pas les plus à plaindre. Les dirigeants des entreprises étant issus de grandes écoles dont les anciens élèves sont, depuis des décennies, organisés dans des associations formant des réseaux mobilisés et militants, les écoles drainent l'essentiel des fonds : l'INSEAD (grande école de management installée à Fontainebleau) et HEC possèdent chacune un capital supérieur à l'ensemble de celui réuni par les universités françaises. Bien entendu, et cela en est un aspect positif supplémentaire, l'autonomie des universités devrait faciliter le développement d'un « patriotisme d'établissement », d'une fierté partagée propices à la mise en place, à terme, de réseaux capables de rivaliser avec ceux des anciens de Sciences-Po, de Polytechnique ou d'HEC. Dans vingt ans et plus !

VP : Autre remarque : une fracture trop grande demeure encore entre les licences professionnelles et les licences générales. Quant à la différence entre des diplômes exclusivement tournés vers la recherche et des diplômes à finalité purement professionnelle, elle est dépassée. Dépassée parce qu'à bac + 5, aujourd'hui, en France, les étudiants doivent être formés à la recherche tout en ayant la possibilité de développer un projet professionnel. Quand Claude Allègre affirme : « J'ai fait l'harmonisation européenne des diplômes », c'est-à-dire le rythme licence-master-doctorat (LMD), eh bien, disons qu'il a lancé le processus ! Mais, en fait, le LMD reste largement à construire aujourd'hui, avec un diplôme de licence qui soit mieux reconnu et qui permette aussi bien la poursuite d'études que l'entrée dans le monde professionnel. Avec un diplôme de master en deux ans, qui cesse d'être coupé au bout d'un an par une absurde sélection, celle qui séparait autrefois la maîtrise des DEA/DESS et qui n'a plus aucune raison d'être ! Avec un diplôme de doctorat qui s'affirme comme le diplôme phare de notre enseignement supérieur, mais aussi comme une expérience professionnelle.

Je vois l'université comme le standard mondial de formation et de recherche. Pourtant, le système français apparaît comme un paysage très morcelé où une partie des meilleurs élèves choisissent de ne pas aller à l'université, tout comme une partie des chercheurs. Au CNRS et à l'INSERM, vous pouvez être chercheur à plein temps, alors qu'à l'université vous ne pouvez chercher qu'à mi-temps et vous devez enseigner pendant l'autre mi-temps. La plupart des très bons chercheurs préfèrent donc se faire recruter au CNRS ou à l'INSERM pour pouvoir s'adonner pleinement à leur recherche. C'est votre cas, Axel Kahn... Le résultat, c'est qu'une partie des meilleurs chercheurs et une partie des meilleurs élèves ne se trouvent pas dans ce qui est, au niveau mondial, le standard et qui s'appelle l'université.

Une université conservatrice en mouvement

VP : Avouez que l'université a toujours été plus conservatrice que progressiste, à l'exception de Mai 68.

Et il est vrai que plus l'université a refusé la réforme, moins les gouvernants ont investi en elle. La dernière réforme, c'est la loi Savary qui constitue un considérable recul. Le directeur général de l'enseignement supérieur de l'époque a écrit un livre très instructif sur le sujet, que j'ai lu avant de faire la loi sur l'autonomie. Il y expliquait, par exemple, que la gauche avait alors le projet – que j'ai repris en 2007 ! – de moduler le temps d'enseignement et de recherche à l'université : cela revenait à dire à un enseignant-chercheur qu'il pouvait, à un moment de sa carrière, chercher davantage et, à un autre, enseigner davantage. C'est une source de souplesse pour gérer les enseignants-chercheurs, un instrument très important pour pouvoir organiser la vie de l'université. Cela se trouvait dans les décrets d'application de loi Savary ! Ensuite, la droite est arrivée en 1986, il y a eu la loi Devaquet, les manifestations et le drame de la mort de Malik Oussekine...

AK : Et la maladresse d'Alain Devaquet. Un homme droit et sympathique mais qui ne fait pas preuve en l'occurrence d'une grande habileté...

VP : Oui, mais un jeune qui meurt, c'est terrible. Quand survient un drame, il n'est plus question de porter une appréciation sur la réforme ou la manière dont elle est menée. En trois ans, j'ai dû assumer le risque d'environ cent trente évacuations d'universités. Je peux vous dire que je tremblais chaque fois à la perspective d'un accident.

Donc, en 1987, la droite, pour ramener le calme dans l'université, abroge la modulation. En 1993, c'est François Fillon qui lance à son tour une réforme habile avec sa loi sur l'expérimentation de l'autonomie. Mais il se heurte au Conseil constitutionnel qui interdit toute expérimentation sur le fondement du principe d'égalité : tout le monde doit avancer au même rythme. Nouveau retour à la case départ. En 2003, dix ans après, nous finirons par changer la Constitution pour permettre l'expérimentation dans les services publics...

Personnellement, je suis très favorable à l'expérimentation. Je pense que ce qui fait aujourd'hui bouger l'université française à la vitesse grand V, c'est justement l'autonomie quand elle libère les initiatives : nouveaux diplômes, pédagogies innovantes... Évidemment, sous l'œil et le contrôle vigilant de l'État qui vérifie que la qualité est au rendez-vous, que des formations ne disparaissent pas. Nous restons très attentifs, y compris sur le recrutement des étudiants et, en particulier, sur le recrutement des professeurs. Mais on peut être vigilant et confiant. Et, aujourd'hui, ce qui est en train de faire changer le visage de l'université française, c'est justement cette liberté.

Quand l'université d'Aix-Marseille crée en son sein une agence de l'innovation pédagogique et une agence de la recherche pour faire émerger des projets innovants en matière pédagogique ou scientifique et leur apporter les financements en interne, c'est radicalement neuf, c'est formidablement créatif, c'est formidablement stimulant. Cela veut dire que les universités elles-mêmes se mettent en ordre de bataille pour libérer les initiatives les plus originales. C'est cela, l'autonomie : c'est l'université qui redevient maître de son destin et cette liberté, ce mouvement, se propagent dans l'ensemble du système universitaire. L'époque où chacun se repliait sur son pré carré par peur ou par manque de confiance est bel et bien terminée.

Le lien entre enseignement supérieur et recherche

AK : Le paysage, pour l'essentiel, comprend trois types de partenaires : les organismes de recherche, les universités et les grandes écoles. Le besoin de développer la recherche dans ce pays avait conduit en 1939, en particulier sous l'impulsion de Frédéric Joliot-Curie, à la création du CNRS. Puis, en 1964, l'Institut national d'hygiène voit le jour; il est l'ancêtre de l'INSERM. Viendront ensuite les autres organismes de recherche. Le résultat de ce processus a été une dissociation croissante entre l'enseignement supérieur et la recherche, jusqu'à aboutir à une doctrine à laquelle j'ai moi-même adhéré, à une période, tant ceux qui la défendaient étaient convaincants. Cette doctrine voulait qu'il y eût un ministère de l'Industrie et de la Recherche, un autre de l'Enseignement supérieur. Il convenait surtout, affirmait-on, de ne jamais mettre la recherche avec les universités car le souci des secondes distrairait toujours de s'occuper comme il se devait de la première.

C'était absurde. La meilleure définition de l'enseignement supérieur est, en effet, celle d'un enseignement adossé à la recherche. Cela pour deux raisons : d'une part, la recherche est ce qui enrichit les savoirs que l'enseignement supérieur transfère; d'autre part, la formation à la remise en cause de ce qui est établi, qui est le cœur de la recherche, est aussi celle de la formation des élites. L'enseignement est supérieur parce qu'il est celui des modes de pensée et des pratiques de la recherche, parce qu'il s'efforce d'inculquer aux diplômés du supérieur, en tant que mode de fonctionnement intellectuel, cette capacité de réarranger le connu, d'y intégrer l'observé et l'acquis pour faire émerger du nouveau.

Qu'est-ce que c'est que l'enseignement supérieur ? Ce n'est pas seulement suivre et apprendre un cours d'histoire, par exemple. L'histoire ne devient objet d'enseignement supérieur que lorsqu'on est capable de réaliser un travail personnel, de rédiger un mémoire qui représente à la fois un travail de documentation et un effort d'analyse et de synthèse originales des données aboutissant à des conclusions innovantes.

Ne parlons pas des sciences exactes. Ce que l'on vous demande quand vous préparez un diplôme de l'enseignement supérieur, ce n'est pas seulement d'apprendre les théorèmes, les lois de la nature, c'est, d'une part, de les appliquer afin de résoudre des problèmes ; d'autre part, à l'aide des éléments dont vous disposez, des outils cognitifs que vous a transmis l'enseignement supérieur, de parvenir à une nouvelle formulation du réel exerçant un effet de levier sur lui. L'enseignement supérieur, c'est cela. Il ne peut être dissocié de la recherche. Sinon, cet enseignement ne serait pas supérieur. De façon symétrique, que serait un chercheur qui ferait avancer les connaissances mais n'aurait pas aussi comme but de les transmettre ? C'est absurde. La recherche et l'enseignement supérieur sont consubstantiellement liés, ils sont deux facettes d'un même métier.

Cependant, une logique interne, conséquence de la sociologie des structures, a conduit les organismes de recherche et les universités à vivre de plus en plus dans la rivalité les uns avec les autres. Parfois pour des raisons compréhensibles : en médecine, par exemple, au début de la création de l'Institut national de l'hygiène et de l'INSERM, un signe extérieur de puissance du mandarin-chef de service était d'avoir aussi son unité de recherche INSERM. Certains d'entre eux n'en avaient nullement la capacité scientifique mais, pour être un grand professeur, il était bon d'être en même temps directeur d'une unité de recherche.

Il s'est produit un mouvement pour s'émanciper de ce mandarinat, et cette réaction, comme c'est souvent le cas, a dépassé son but. L'Institut national de la santé et de la recherche médicale a, de ce fait, souvent affaibli – parfois rompu – les liens avec les professeurs de médecine et les praticiens hospitaliers. Il s'agit là d'une évolution absurde, elle aussi. Et ce que je dis de la médecine, je peux l'appliquer à presque toutes les autres disciplines. L'université, appauvrie par une telle déconnexion avec la recherche, forme moins bien les futurs diplômés, a fortiori les futurs chercheurs. Pour ce qui me concerne, j'ai fait partie de presque tous les comités scientifiques, de direction et d'orientation stratégique possibles et imaginables du CNRS et de l'INSERM depuis plus de vingt-cinq ans. Cela fait aussi longtemps que j'affirme que recherche et enseignement sont deux facettes de la même profession. Cet éclatement entre grandes écoles, organismes de recherche et universités ne convient pas pour recréer l'unicité d'un système qui doit retrouver son âme, condition de son efficacité. Celle-ci passe par une connexion étroite entre les meilleurs étudiants, la recherche et l'enseignement. Il ne faut pas séparer ces briques d'un même édifice, celui d'un système performant d'enseignement supérieur et de recherche.

Complexité et suradministration

VP : Il est vrai qu'en 2007 on arrivait au bout du bout de ce système. On avait créé le CNRS parce que l'université ne marchait pas bien. On avait créé l'INSERM parce que le CNRS ne marchait pas bien. On avait créé l'Agence nationale de recherche sur le sida parce que l'Inserm ne marchait pas bien. Puis l'Institut national du cancer... Et le gouvernement s'apprêtait, à l'occasion du lancement de son plan Alzheimer, à créer une agence de recherche spécialisée sur le sujet.

La réforme des structures existantes faisait tellement peur aux politiques qu'en réalité, chaque fois qu'ils voulaient régler un problème, ils créaient une nouvelle structure. J'entends encore certains grands chercheurs me dire, avec un petit sourire – était-il ironique ? – que la complexité du système faisait sa force. Une chose est sûre, plus personne ne s'y retrouvait en dehors de ceux qui, précisément, étaient à l'intérieur du système.

La conséquence néfaste de cette complexité, c'est que bien souvent les chercheurs, au lieu de chercher, sont contraints de consacrer une large partie de leur temps à des tâches d'administration. Et cela n'a rien à voir avec de la bonne administration, le plus souvent, c'est de la suradministration, voire de la bureaucratie tâtillonne. Cette situation a parfois amené les chercheurs à voir des évolutions majeures du système, pourtant profondément vertueuses, comme la création de l'Agence nationale de la recherche (ANR) pour financer leurs meilleurs projets ou l'Agence indépendante d'évaluation de la recherche et de l'enseignement supérieur (AERES), comme des éléments de complexité supplémentaires.

Nous nous sommes donc attelés à la simplification. Mais la simplification se révèle parfois très compliquée... La simplification, c'est éviter aux chercheurs d'attendre un an pour être remboursé des dépenses qu'ils ont avancées, en leur donnant une « carte de crédit ». C'est supprimer des rapports d'évaluation redondants ou trop fréquents au profit d'un rapport unique, alléger les dossiers de demandes de subventions, c'est n'évaluer les unités mixtes université-organisme qu'une fois tous les quatre ans... C'est d'accorder des visas pluriannuels aux chercheurs étrangers, mais aussi à leurs familles, pour leur éviter de faire des queues interminables tous les ans. Mais le diable est dans les détails. Je possède désormais des rapports entiers sur les formalités qu'il faudrait supprimer. Or faire évoluer les comportements, bousculer les habitudes, ce n'est pas si facile, surtout du côté de Bercy, mais je suis persuadée que la confiance est moins coûteuse pour l'État que des procédures de défiance systématique.

AK : Je suis globalement en accord avec votre analyse, notamment en ce qui concerne le souci de la simplification. Il n'est hélas pas sûr que l'on ait toujours simplifié, que l'on crée de nouvelles structures tout en supprimant les anciennes. Nous observons souvent un empilement inextricable entre l'ancien maintenu et le nouveau au « mode d'emploi incertain ». Sur le principe de la simplification, bien sûr, j'y suis plus que favorable. L'un des mécanismes qui aboutissait à ce que l'on installe une nouvelle agence indépendante par programme est lié à ce qu'on ne faisait pas confiance à l'agence précédente pour s'en occuper. C'est vrai, mais ça n'est pas tout. Il faut ajouter la visibilité politique de l'action. Toute une série de décideurs, de gauche ou de droite, lançant un plan Cancer, Alzheimer ou Sida, considéraient important d'associer leur nom, non seulement à ce plan mais aussi à une agence dédiée. Cette logique politique n'a pas de sens. À un moment donné, en effet, on a abouti à un INSERM qui avait cessé de s'occuper du sida et des maladies virales, du cancer, des maladies génétiques et des maladies rares, de la maladie d'Alzheimer... On parlait même de la création d'un institut des maladies métaboliques et du diabète qui aurait conduit l'INSERM, Institut national de la santé, à ne plus s'occuper de 85 % des déterminants de la pathologie humaine.

VP : De la même façon, nous avons des situations contre-productives comme les doublons entre le CNRS et l'INSERM, le CNRS et le CEA, le CNRS et l'INRIA. La répétition du même et la concurrence.

AK : Il faut reconnaître que l'INSERM ne travaille pas sur la paramécie (un micro-organisme protozoaire), la levure, les lois fondamentales. C'est le CNRS qui s'en occupe. Disons qu'il y a un chevauchement incontestable entre ces deux organismes, mais ils ont aussi chacun leurs spécificités. Pour ce qui me concerne, je dirigeais un laboratoire INSERM-CNRS-Université. Sur tout l'effectif, on en trouvait 200-300 qui appartenaient à l'INSERM, 150 au CNRS et 150 à l'université. Tous faisaient le même travail. Dans la même équipe il y avait un chercheur de l'INSERM et un du CNRS, souvent un enseignant-chercheur de l'université. Mais certaines des recherches menées, de nature plutôt fondamentale, n'entrent en effet pas bien dans le champ de l'INSERM.

VP : Désormais, je souhaite que dans les quatre cents plus grosses unités mixtes, celles qui ont plus de quatre tutelles administratives différentes, il n'y ait plus qu'un seul responsable pour assurer la gestion. Ce rôle reviendra généralement à l'université, car c'est elle qui héberge les laboratoires dans ses murs. C'est ce que vous êtes en train de faire, Axel, à Paris-Descartes avec les unités mixtes de l'INSERM, notamment, et du CNRS. Cela change tout. Cela signifie une seule évaluation, un seul système d'information, un seul contrôle de gestion...

AK : Au niveau de l'université, l'une des très grandes difficultés résidait en la soumission de l'action à une série de règlements et de lignes budgétaires contraignantes, si bien que le président d'université, pour l'essentiel, n'avait qu'à laisser à ses gestionnaires le soin d'engager les dépenses prévues dans le respect des lignes, sans aucune marge de manœuvre. Je ne dis pas que le président n'avait pas de pouvoir avant la loi LRU. Il a au contraire toujours joui d'une grande influence, qu'il soit excellent ou moins brillant. Quand un président d'université parle et décide, il se passe quelque chose. Cet aspect m'a étonné lorsque je suis arrivé à l'université parce que tel n'est pas toujours le cas dans les grands laboratoires de recherche que j'ai dirigés pendant vingt-cinq ans. Dans la recherche, quand un directeur de laboratoire n'est pas bon, sa parole n'a guère d'influence. C'est un milieu qui est beaucoup plus rebelle, sans doute parce que l'indépendance individuelle fait vraiment partie de la créativité scientifique.

VP : En 2007, on en était arrivé au point où les difficultés de fonctionnement dans l'université et la recherche commençaient à porter atteinte à la qualité de la recherche et de la formation. Les jeunes s'en allaient et la fuite des cerveaux devenait une réalité. Si elle ne concerne qu'une faible partie de la recherche et de l'université, malheureusement, elle touche souvent les meilleurs chercheurs. Quant à l'université, les familles, même modestes, préféraient payer cher pour inscrire leurs enfants dans telle ou telle école – pas forcément si « grande » que cela – parce qu'elle offrait à ses étudiants davantage d'accompagnement, davantage de professionnalisation. Une véritable défiance vis-à-vis du système universitaire commençait à s'installer. La méconnaissance des débouchés professionnels de l'université dévalorisait ses diplômes. Cette situation était profondément paradoxale au moment où nous nous battions pour garder l'université gratuite en France avec des frais d'inscription qui sont parmi les plus bas d'Europe. Ce modèle français d'une université ouverte au plus grand nombre car quasi gratuite, nous avons souhaité le préserver. Je l'ai déjà dit et je le répète : ce n'était pas aux familles de payer le prix du sous-financement historique de nos universités.

Au cœur de mes convictions politiques, il y a la volonté de faire redémarrer l'ascenseur social dans notre pays. Je crois profondément que le mérite et l'effort individuels doivent être récompensés. Et l'idée de vivre sans réagir dans une société de reproduction sociale – parce que c'est bien la société dans laquelle nous vivions – m'était et m'est toujours insupportable. L'université n'est pas la seule responsable de ce blocage. Elle a dû absorber la démocratisation de l'enseignement supérieur, les 60 % d'une classe d'âge qui passaient le bac... Elle a dû faire face, avec une organisation qui datait de Mai 68, à peine revisitée sous François Mitterrand. Une organisation obsolète, datée et parfois si complexe qu'elle en devenait, disons, ubuesque.

AK : Allez... Disons absurde...

VP : Absurde, absurde...

Argent et fuite des cerveaux

AK : La fuite des cerveaux concerne, à 80 %, des jeunes qui partent en postdoc, développent une recherche productive et ne reviennent pas. Ou bien qui reviennent tardivement, au bout de dix ans, quinze ans, vingt ans.

VP : Ce phénomène peut paraître faible en nombre. Mais en qualité...

AK : Ceux qui ne reviennent pas comptent, évidemment, parmi les meilleurs. Ce sont ceux à qui l'on a fait des offres alléchantes à l'étranger. Cela dit, je ne partage pas votre analyse des causes principales de la « fuite des cerveaux ». Cela fait bien longtemps, des décennies, que l'on connaît cette vérité : l'enseignement supérieur et la recherche ne sont pas des carrières dans lesquelles on a les meilleurs émoluments et la meilleure réussite sociale.

Cela rappelé, je n'ai pratiquement jamais vu un chercheur en poste à l'étranger revenir pour la seule raison qu'on lui promettait des émoluments plus importants. Ce qui les décide, ce sont avant tout des conditions de travail telles qu'ils ont le sentiment de pouvoir se battre à armes égales avec leurs pairs du monde entier. Pour un compétiteur chercheur, c'est là un point fondamental. Si bien que la vision selon laquelle il suffit, pour stimuler la qualité de la recherche, d'une individualisation de la récompense matérielle semble très connotée du point de vue idéologique et être plus en phase avec les standards des écoles de commerce et de management qu'avec ceux de l'univers de la recherche académique. Je pense que cette vision ne correspond pas à la sociologie intellectuelle de nos chercheurs.

VP : Je n'ai jamais cru les chercheurs français d'abord intéressés par les salaires. En revanche, je pense qu'il faut leur donner la reconnaissance qu'ils méritent. Je suis convaincue qu'ils ont effectivement besoin de cette reconnaissance. J'ai saisi l'Académie des sciences en lui demandant ce que nous devions faire pour améliorer la carrière des chercheurs et faire face à la concurrence mondiale. L'Académie a proposé plusieurs choses, et notamment le doublement du nombre de promotions. Ces dernières, dans un système très administratif, se font encore trop à l'ancienneté. Même dans la recherche, ce qui est paradoxal puisque c'est un domaine où la valeur n'attend pas le nombre des années...

Quand on a trente ans ou trente-cinq ans aujourd'hui au CNRS et qu'on est exceptionnellement doué, on se dit qu'on aura du mal à devenir directeur de recherche, car les promotions sont réduites. Même si on peut être professeur plus jeune. Pour accélérer les carrières et éviter les frustrations, j'ai décidé d'augmenter toutes les possibilités de promotion, y compris à la classe exceptionnelle, qui est un peu le bâton de maréchal du système. Car ces maréchaux peuvent aussi s'expatrier...

L'Académie des sciences m'a également demandé de créer des primes pour garder dans notre pays les chercheurs. Et pas seulement les Français. En France, nous avons des chercheurs qui sont particulièrement désintéressés : les étudiants qui ont envie de gagner de l'argent s'orientent plutôt vers une école d'ingénieurs ou une école de commerce. On les retrouve moins dans les doctorats. Parce que le modèle du « chercheur-entrepreneur » n'est pas encore assez répandu et je le regrette. Mais quand une jeune Polonaise ou un jeune Chinois arrivent dans une université française ou dans un laboratoire français, pour les garder, il faut pouvoir soutenir la comparaison avec le salaire qu'on leur offre en Allemagne ou ailleurs.

Et puis, il faut aussi vivre, tout simplement. Il y a un moment où l'on envisage d'acheter son appartement, où l'on a des enfants et où l'on veut le meilleur pour eux... C'est à ce moment-là que l'on hésite quand une université américaine vous propose non seulement un superbe laboratoire, un beau bureau, des collaborateurs, mais aussi un salaire de ministre français. Ce jour-là, le chercheur peut se dire qu'il n'a qu'une vie et qu'il part. Demandez à Ngô Bào Châu, notre médaille Fields qui est parti à Princeton... Il l'a confessé sans fard : il voulait que sa famille vive mieux. Ce n'est pas seulement le salaire, c'est effectivement l'ensemble de l'environnement de travail proposé, ce que l'on appelle le *package*. Mais le salaire en fait partie. Sur la question de l'argent, c'est très simple. Je pense que tout le monde a droit à la juste rémunération de son travail. Or la juste rémunération du travail d'un chercheur, aujourd'hui, c'est souvent plus que ce qu'il gagne...

AK : Il y a un débat, un dialogue, sur ce point, avec vous, Madame la ministre. D'abord il y a des évidences, c'est-à-dire que tout travail mérite salaire et que le travail d'un chercheur, avec tout ce qu'il comporte, mérite une considération particulière et une carrière honorable. Par conséquent, tout ce qui va dans le sens d'une revalorisation de la carrière des chercheurs et des enseignants-chercheurs, en particulier des maîtres de conférences dont nous avons dit combien ils sont frustrés aujourd'hui, est une vraie nécessité. C'est tout à fait évident. Pour ce qui est du chercheur...

VP : Les professeurs aussi, président...

AK : Les professeurs aussi. Il n'y a pas de différence.

VP : Il fut un temps où l'on payait un professeur des universités comme un général ou un conseiller d'État...

AK : À l'université, le ferment contestataire, pour l'essentiel, ce sont les maîtres de conférences. Les professeurs sont plutôt conservateurs. Lors des votes, la distinction apparaît clairement entre les deux catégories.

VP : C'est pour ça que je double les promotions... (*Rires.*)

AK : Cela n'est pas mon propos. Une revalorisation des salaires est sans conteste justifiée. Cependant, pour l'essentiel, la créativité scientifique se manifeste, et vous l'avez vous-même reconnu Madame la ministre, au stade de doctorat tardif et de postdoc des jeunes chercheurs. À cet âge-là, l'élément fondamental pour le chercheur, c'est d'avoir l'impression qu'on lui donne les moyens de soutenir la compétition scientifique, de tenir le rang qu'il estime être le sien du fait de ses qualités. Bien sûr, si, après le recrutement de techniciens et ingénieurs indispensables, la mise à disposition de locaux rénovés et de tout l'appareillage nécessaire, quelques possibilités d'accueil de doctorants et postdocs, on lui propose une augmentation salariale, c'est un élément important mais qui vient comme la cerise sur le gâteau. Le grand mouvement Sauvons la recherche s'est construit sur l'impression d'une promesse non tenue dans le financement de la recherche et le recrutement de jeunes chercheurs, c'est-à-dire à partir d'une indignation éthique. Il n'y avait aucune revendication salariale dans ce mouvement. Les chercheurs représentent d'ailleurs l'un des seuls corps sociaux qui, de manière singulière, ne met presque jamais en avant la question des salaires.

Pour ma part, je suis très satisfait de mon sort et je ne demande rien. D'autant, pour être franc, que j'écris des livres qui se vendent bien. Cela étant dit, je prends un exemple amusant. Nous sommes dans une société où je gagne cent fois moins qu'Henri Proglio, le P-DG d'EDF. Bien évidemment, je n'en conclus pas que je suis cent fois moins important pour mon pays, pour la nation et pour le monde que lui...

VP : Je vous rassure, moi aussi...

AK : Je ne le note que comme un exemple d'absurdité du système mais pas en tant que motif de frustration et je n'ai aucune revendication salariale particulière.

Argent, évaluation et travail d'équipe

VP : Vous dites que les mouvements revendicatifs des chercheurs ne parlent jamais des questions de salaire, mais seulement de dynamique très collective des laboratoires. Et comme vous, je souhaite que la communauté des chercheurs progresse ensemble.

Comme les deniers publics ne sont pas inépuisables, à un moment, en tant que responsable politique, je dois faire intervenir l'évaluation. Or il existe un syndrome très français qui trouve son origine dans notre passion pour l'égalité. Il consiste à dire que celui qui n'a pas réussi n'a pas eu de chance et que l'on doit donc lui donner à peu près les mêmes moyens qu'à celui qui a réussi. C'est une logique qui ne tient pas sur la durée, tout simplement parce que cela coûte trop cher si on veut aligner tout le monde par le haut. Et, au bout d'un certain temps, on finit par aligner tout le monde, mais par le bas. Le sous-investissement dans l'université et la recherche, il vient aussi de cela. Il faut donc qu'on puisse distinguer très clairement le laboratoire qui marche très bien du laboratoire qui ne marche pas. Et ça vaut aussi pour les personnes qui le composent et qui sont à l'origine de cette réussite ou de cet échec. Nous avons remis l'évaluation au cœur de notre politique de recherche.

AK : Mais je suis favorable à l'évaluation, je l'ai toujours été. Je tiens à dire que, sur ce point, il n'y a pas l'épaisseur d'une feuille de papier à cigarette entre vous et moi. Je suis favorable à des promotions, de carrière et salariale, en fonction de l'évaluation. De ce point de vue, il n'y a aucun problème. Mais quand on institue, pour quelqu'un qui a reçu un prix scientifique important, une prime de 20000 ou 25000 euros, jusqu'à la retraite, alors que...

VP : La prime est sur quatre ans...

AK : Dans la recherche, à l'exception du mathématicien qui est le plus souvent seul, c'est en général un travail d'équipe qui permet de connaître le succès. On aurait pu instituer, à côté de l'évaluation valant revalorisation salariale de celui qui effectue une recherche particulièrement importante, une prime pour l'équipe dans son ensemble. Je trouve que la prime d'excellence scientifique réservée à un chercheur sans son équipe est une mauvaise utilisation des moyens engagés. Un système de prime individuelle appartient plus, je l'ai dit, à la culture de l'entreprise enseignée dans les écoles de commerce qu'à celle du monde de la recherche.

VP : On ne fait pas de recherche dans les écoles de commerce ? (*Rires.*) Je ne suis pas d'accord avec vous, évidemment, sur cette question. Plus exactement, si j'avais interdit aux organismes de recherche et aux universités de donner des primes collectives, vous pourriez critiquer cette interdiction. Mais ce n'est pas le cas ! Disons qu'en instaurant des primes individuelles au mérite, qu'il soit scientifique ou pédagogique, je prends des décisions qui sont difficiles à assumer pour vous. Instaurer une prime collective, cela, vous savez le faire et il n'y aura aucun problème. Je vous fais totalement confiance.

AK : Ce qui est un peu choquant, je vous le dis avec franchise, c'est une prime conséquente attribuée à un membre de l'équipe et à lui seul, faisant ressentir avec dureté la différence entre lui et tous ceux dont le travail a contribué au succès. Cela ne prend pas en compte les conditions dans lesquelles une découverte fondamentale est faite. J'ai heureusement, dans ma vie, fait des découvertes importantes. J'ai eu une promotion rapide parce que j'étais considéré comme un bon chercheur. Cependant, je crois, que si je n'avais pas été entouré par une équipe excellente, beaucoup de ces résultats n'eussent pas été obtenus. Il existe déjà une multitude de prix qui, surajoutés aux possibilités d'accélération de la carrière des éléments les plus brillants, récompensent l'activité des chercheurs remarquables. Avec votre politique de primes individuelles surajoutées, vous accroissez inutilement la dimension vedettariale de la recherche au lieu de profiter de l'effort financier consenti pour récompenser aussi les équipes artisans du succès.

VP : Le vedettariat est quelque chose d'extrêmement repoussant, mais la reconnaissance est aussi un besoin pour un certain nombre de chercheurs...

AK : On n'a pas besoin de ça pour...

VP : Vous, vous n'avez pas besoin de ça. Mettons-nous dans la situation de quelqu'un d'autre, parce que tout le monde ne publie pas des livres à succès. Certains chercheurs, qui ne le diront jamais ouvertement, se sont confiés à moi. Ils me disent que, pour gagner leur vie, ils ont leur salaire, mais ils sont aussi contraints d'aller enseigner dans une grande école, parce que là, au moins, on les paye et...

AK : Pourquoi pas ? Aller, après sa retraite, enseigner à Stanford ou ailleurs, ne me pose aucun problème.

VP : Je suis la ministre de ces chercheurs. De tous les chercheurs, de ceux qui ont fait le choix, pour des raisons éminemment respectables de rester en France, mais aussi de ceux qui, pour des raisons tout aussi respectables, ont considéré qu'ils ne gagnaient pas suffisamment leur vie en France. Et j'ajoute qu'en répondant à la demande des seconds, je ne porte absolument pas préjudice aux premiers. Vous en faites une question de principe. Je suis désolée, mais, pour moi, un professeur d'université ou un chercheur doit avoir un salaire de cadre sans avoir besoin d'aller travailler ailleurs pour vivre correctement. C'est aussi une question de principe.

AK : Pourquoi ne pas accélérer les promotions, dans ce cas-là. C'est un très bon moyen...

VP : Je l'ai fait. Mais ça ne résout pas tout. Quand vous êtes professeur, quelles sont vos perspectives de promotion ? Et à trente-cinq ans, vous ne pouvez pas devenir professeur de classe exceptionnelle du jour au lendemain. Je vous parle ici des chercheurs les plus talentueux. J'assume aussi d'avoir une vision exigeante de la recherche, une vision qui fait toute sa place à l'excellence...

AK : J'ai une vision aussi élitiste que vous, Madame la ministre...

VP : Certes, nous avons instauré un dispositif de primes automatiques pour les chercheurs récompensés par des prix prestigieux. Si j'avais décidé de doter de 100 000 euros la médaille d'or du CNRS remise chaque année, cela vous aurait moins choqué que le fait que j'accorde une prime d'excellence scientifique sur quatre ans versée tous les mois au chercheur qui a obtenu cette distinction. Vous dites que la recherche est un art collectif. Étrangement, les médailles du CNRS sont individuelles. Tous les prix décernés par la communauté scientifique le sont à des individus : deux ou trois grands chercheurs peuvent partager un prix Nobel, mais ce n'est jamais un laboratoire qui est primé. On pourrait d'ailleurs proposer que le CNRS décerne des récompenses à des laboratoires. Dans ce cas, je pourrais primer l'ensemble du laboratoire. J'en retire le sentiment que la recherche est un mélange complexe d'individualisme et de collectif. C'est une alchimie subtile. Ce que je sais aussi, c'est qu'il n'y a eu qu'une vingtaine de refus de cette prime par des « anti », alors que nous en avons versé environ 3 600 et que nous avons reçu plus de 6 800 demandes.

AK : Je ne suis pas en train de prétendre que ceux à qui vous donnez des moyens supplémentaires n'en seront pas satisfaits. Ce n'est pas le problème. Votre but est certes de récompenser les gens qui méritent de l'être. L'essentiel, cependant, est de faire en sorte que notre recherche accroisse sa compétitivité. C'est-à-dire que nous stimulions la productivité des meilleurs qui travaillent dans nos laboratoires ou qui pourraient les rejoindre. Si vous focalisez exagérément sur la récompense matérielle des individualités plutôt que sur l'aménagement de conditions de travail qui leur permettent de se battre à égalité de force avec leurs compétiteurs du monde entier, je pense alors, fort de ma longue expérience, Madame la ministre, que vous faites une erreur.

VP : Mais président, comment osez-vous me dire cela alors que j'investis 5 milliards d'euros pour rénover les campus ? Comme si j'avais choisi de privilégier la reconnaissance individuelle au détriment de tout le reste !

AK : Insister sur cette rénovation de l'appareil, c'est un problème majeur. C'est aussi le problème des emplois techniques...

VP : Président, j'entends votre pudeur sur l'argent. Mais je pense que, même dans l'équipe de votre laboratoire, nombreux sont les chercheurs qui apprécieraient cette prime d'excellence scientifique.

AK : Je suis décomplexé par rapport à l'argent. J'ai travaillé dans le privé, j'ai par conséquent bénéficié pendant quelques années de salaires deux fois plus importants que ce que je reçois dans le public. Ce n'est pas du tout pour moi un gros mot que de parler de l'argent. Je suis très pragmatique. Cela dit, parce que j'ai derrière moi une longue carrière de chercheur aboutissant à des résultats importants, que j'ai dirigé des structures de recherche et que je dirige aujourd'hui une université, ce qui m'intéresse, ce sont les moyens efficaces à notre disposition pour dynamiser le système.

VP : Je suis plus sentimentale que vous ! Je suis certes une ancienne élève d'école de commerce, mais je suis également une mère de famille et j'ai des responsabilités politiques. Je me demande comment faire pour que les chercheurs dont j'ai la charge, «mes» chercheurs, si vous pardonnez cette expression, soient épanouis. Lors d'un voyage à Singapour, une chercheuse m'a dit qu'elle était en train de dissuader ses enfants de faire de la recherche. Je lui ai demandé pourquoi, s'ils avaient la vocation. «Pourquoi ? Parce que, contrairement à ma génération, ils ne pourront pas gagner leur vie correctement», m'a-t-elle répondu. Autre parole de chercheur, authentique elle aussi : «Je ne veux pas être obligé de dire à mon fils, si un jour il veut devenir chercheur : "Mon grand, je ne veux pas avoir à t'entretenir toute ma vie."» À travers ces témoignages s'exprime, au fond, une vraie frustration, qui traduit l'effritement progressif du statut social de l'intellectuel dans notre pays. Et c'est cela aussi que je veux réparer.

AK : Réévaluons les carrières, évaluons les personnes, hâtons la revalorisation et la vitesse de promotion des éléments les plus brillants, déplafonnons les fins de carrière... Il existe des moyens. En d'autres termes, Madame la ministre, si vous voulez faire en sorte qu'il ne soit pas difficile au plan matériel de s'épanouir dans les métiers de l'enseignement supérieur et de la recherche. Vous avez raison, je vous soutiens. Regardons les moyens dont nous disposons. Mais vous n'atteindrez pas ces objectifs à l'aide de primes individuelles, événementielles...

VP : Elles ne sont pas événementielles. Elles sont quadriennales...

AK : C'est là où je ne suis pas d'accord avec vous. Je pense que l'efficacité de ce stimulant matériel de la créativité scientifique est faible. Je conteste l'adéquation de la méthode. S'il s'agit d'accroître l'efficacité et la créativité scientifiques, toute mon expérience m'indique que là n'est pas le nœud du problème. L'idée de rendre la carrière de chercheur attractive par le jeu des primes et sans modifier le système de promotions et de salaires m'apparaît baroque. Le jeu des primes, parfois, peut être un stimulant efficace. Ce n'est pas du tout idéologique mais, ayant bourlingué dans ce domaine, je déclare à ma ministre de tutelle, Valérie Pécresse, pour laquelle j'ai de l'estime : « Madame la ministre, pour ce qui est de la stimulation de la créativité intellectuelle, cet outil n'a pas l'efficacité que vous croyez. »

VP : Écoutez-moi. Je ne suis pas d'accord avec cela. C'est une question d'attractivité du métier et de la vocation de chercheur. Quand vous avez des scientifiques qui vous disent qu'ils déconseilleraient à leurs enfants de devenir chercheurs à leur tour, parce qu'ils ne gagneraient pas bien leur vie, eh bien, cela veut dire que vous avez bel et bien un problème de stimulation de la création intellectuelle. Et c'est aussi une question de justice. J'ai augmenté tous les salaires de démarrage des maîtres de conférences. J'ai facilité l'intéressement collectif dans les laboratoires. Mais il y a aussi une question de justice salariale qui revient à mieux payer les meilleurs.

AK : Là encore, je suis extrêmement pragmatique, tout comme vous. Il y a, sur le marché du travail, une vraie compétition, bien évidemment. Pour attirer les gens, il convient parfois de s'aligner. On le fait depuis très longtemps.

VP : Ça, c'est injuste.

AK : Je pourrais parler de justice. C'est un de mes sujets favoris. Mais je suis en train de parler de l'efficacité. Le but que nous nous sommes fixé, vous et moi, c'est de promouvoir l'enseignement supérieur et la recherche. De ce fait, lorsque la seule possibilité d'attirer une compétence et un talent considérés est de s'aligner – ou de surenchérir – sur la concurrence, je le fais et désire en avoir les moyens. Cela ne me pose pas de problème. Mais ce n'est pas ce dont nous parlons. Nous discutons tous deux des conditions principales permettant à une carrière d'enseignement supérieur et de recherche d'être attractive. Il y faut d'abord, non des primes, mais une perspective de carrière.

VP : Cela me choque. Parce que ça veut dire que l'on ne paiera pas de la même manière un sociologue ou un philosophe et un chercheur en informatique ou un chercheur en sciences du vivant.

AK : Le très bon chercheur, les autres m'intéressent moins, est persuadé de son talent. Il veut qu'on le reconnaisse, qu'on le considère. Mais, surtout, il ne veut pas qu'on le handicape dans la compétition internationale. Quand vous enseignez, vous avez peut-être à cœur de vous y prendre mieux que les autres. Mais enfin, peu importe, vous enseignez, vous transmettez un savoir, votre utilité est claire. Un chercheur, une équipe de recherche qui seraient toujours les seconds ou les troisièmes à parvenir à la connaissance des phénomènes étudiés, auraient, au bout de quelques décennies, une claire idée de leur inutilité. Et cela ne vaut rien à la psychologie des personnes et des groupes.

VP : Chaque université a sa stratégie. Mais il y a quand même des primes. Monsieur le président Kahn, vous ne supprimez pas la prime d'excellence scientifique dans votre université...

AK : Non, mais je ne suis pas persuadé que ce soit elle qui contribue à la compétitivité scientifique de l'université Paris-Descartes.

3

Quelle réforme pour réconcilier société et université ?

La cathédrale et l'élastique

VALÉRIE PÉCRESSE : De manière générale, en France, il faut se méfier des réformes qui se veulent des « cathédrales ». Lorsqu'on met dans une réforme tout ce que l'on voudrait y mettre et qu'on érige l'édifice le plus parfait et le plus achevé possible, on se retrouve devant une cathédrale en allumettes. Il suffit qu'une seule allumette vacille et tout l'édifice s'écroule. Je l'ai compris au moment du référendum de 2005 sur la Constitution européenne. Je suis une fervente européenne. J'ai été dans des associations de jeunesse européennes. J'ai milité pour le traité de Maastricht. Le combat pour l'Europe est une des racines de mon engagement politique. Au moment du référendum sur la Constitution européenne, j'étais donc porte-parole de l'UMP et j'ai sillonné la France pour défendre cette Constitution. Je me suis heurtée à une coalition des oppositions totalement hétéroclite. Il y avait à la fois ceux qui me disaient qu'elle allait supprimer le droit à l'avortement et ceux qui pensaient qu'elle permettait le mariage des homosexuels, selon l'interprétation que l'on faisait de telle ou telle disposition. Rien de tout cela ne figurait dans le texte ! En réalité, nous avions voulu trop bien faire, en inscrivant dans la Constitution non seulement les règles futures de fonctionnement de l'Europe, mais aussi les articles des traités originels – ceux-là mêmes qui ont paru, à la lecture, « ultralibéraux » à certains. À tout cela s'ajoutaient les articles de la « charte des droits fondamentaux » adoptés lors du traité de Nice, qui donnaient lieu aux interprétations les plus farfelues. Et le résultat final, avec un texte trop riche, trop complexe, c'est que vous terminez avec près de 55 % de « non » alors qu'au tout début de la campagne, il y avait 55 % de « oui »... Donc pas de cathédrale...

AXEL KAHN : C'est bien la raison pour laquelle, j'ai moi-même voté non à ce traité constitutionnel. Je l'ai fait en tant qu'européen convaincu et militant, ancien président de la Commission des experts de haut niveau en sciences de la vie auprès du commissaire de la Recherche et de l'Innovation. Je suis en quelque sorte un eurocrate bien placé pour connaître de l'intérieur le fonctionnement de la Commission. Ce qui m'a décidé à m'opposer à ce traité, c'est qu'il gravait dans le marbre constitutionnel des choix économiques que je réprouve. En effet, au-delà d'un préambule, d'ailleurs non contraignant, traitant des valeurs, c'est bien l'organisation libérale de l'Europe, dans le sens impulsé par l'Angleterre depuis son adhésion à la Communauté, qui était l'objet même de cette Constitution. Je suis rationnel, il m'était impossible d'approuver un texte figeant en les constitutionnalisant des choix économiques et de société que je condamne et qui s'éloignent de l'Europe que j'aime profondément.

VP : Une nouvelle preuve de la fragilité des cathédrales. J'ai vécu cela une deuxième fois quand Luc Ferry a élaboré son projet d'autonomie des universités dans lequel s'inscrivait également l'harmonisation européenne des diplômes – le fameux L-M-D (Licence-Master-Doctorat). Les étudiants se sont saisis du sujet et ont fait reculer le gouvernement. Plutôt que d'espérer le «grand soir», mieux vaut donc adopter la stratégie des «petits pas», comme le pensait Jean Monnet. Mieux vaut bâtir une réforme progressivement. Vous posez d'abord les fondations : pour les universités, c'est la loi sur l'autonomie. Vous montez ensuite les murs : c'est la réforme du statut des enseignants-chercheurs, l'opération Campus et le grand plan d'investissements d'avenir.

J'appelle aussi cela la «théorie de l'élastique». Vous avez une direction de départ, dont vous savez qu'elle est bonne. Sur l'autonomie des universités, on ne pouvait pas se tromper. Même Ségolène Royal la préconisait, c'est dire le consensus ! Il faut reconnaître que c'est un mouvement mondial : plus d'autonomie, plus de moyens, plus d'émulation, voilà ce qui produit de la bonne formation et de la bonne recherche.

Vous savez donc que vous allez dans la bonne direction. Mais vous savez aussi que vous n'allez pas forcément prendre toutes les bonnes décisions. À un moment, il faut trancher. Donc, on prend la bonne direction, on accepte un certain niveau de risque et puis on essaie de faire avancer les choses, le plus loin possible. Mais il ne faut pas que l'élastique casse, c'est-à-dire que le front du refus l'emporte. Et, franchement, sur cette réforme, cela a failli casser à plusieurs reprises... On a tout de même réussi, mais c'était difficile tant, en France, l'idée même de réforme a mauvaise presse. D'une certaine manière, les Français pensent, dès qu'on leur parle de réforme, qu'on cherche à leur enlever quelque chose de précieux. Bref, la réforme, c'est du sang, de la sueur et des larmes, et aucun bénéfice.

AK : Mais vous savez, récemment, le président de la République, répondant à une question, a défini la réforme par la remise en cause courageuse des avantages acquis. Alors, effectivement, si dans l'esprit des gens la réforme se limite à cela, on comprend sans peine qu'elle ne soit pas sympathique à tout le monde...

VP : Oui, mais c'est quand même l'un des aspects de la réforme.

AK : Oui, mais le but de cette réforme n'est pas simplement la remise en cause des avantages acquis...

VP : D'une certaine manière...

AK : Ce n'est pas le but. C'est peut-être l'un des moyens, mais...

VP : Oui ! Ce n'est pas le but de la réforme.

Réforme, progrès et avantages acquis

VP : Le but de la réforme, c'est que l'université dispense une meilleure formation, produise une meilleure recherche et que le système soit lui-même beaucoup plus efficace, performant, rayonnant.

AK : C'est libérer l'énergie des universités pour l'essentiel.

VP : Oui, mais pas seulement. C'est aussi faire des meilleurs diplômes et de la meilleure recherche.

AK : Oui c'est cela. Quand je dis libérer l'énergie des universités, c'est pour qu'elles remplissent mieux leur mission. Or quelle est la mission des universités sinon la formation et la recherche.

VP : Le problème, c'est que nous avions un système qui ne fonctionnait pas bien. Du coup, une bonne partie des enseignants s'était installée soit dans sa routine, soit dans des stratégies de contournement du système. Malgré leur insatisfaction, ils avaient ainsi une forme d'avantages acquis que la réforme risquait de mettre en cause pour un bénéfice qui, aux yeux d'une partie d'entre eux, restait incertain. Il y avait un travail de conviction à faire, qui est une partie essentielle de toute réforme et auquel je me suis aussi attelée. On ne réforme pas pour remettre en cause des intérêts acquis, mais, en chemin, on peut se heurter à eux, vous le savez bien.

AK : L'avantage acquis n'est pas la valorisation systématique du *statu quo*. Je m'explique. Je suis fort réticent à l'identification intellectuelle entre réforme et remise en cause des avantages acquis. Il est certes possible que de tels acquis se révèlent en incohérence complète avec la réalité d'une situation. Cependant, c'est parfois le résultat chèrement payé d'années, de décennies de luttes sociales. Pensons à la retraite, à la Sécurité sociale, etc. Et il faut avoir conscience de ce que représentait l'idée du progrès dans l'esprit des Français, et d'ailleurs de tous les Européens. C'est elle qui a mobilisé et construit nos nations. C'était la conviction que les moyens réunis de la connaissance, de l'intelligence, de la science, de la technique, de l'économie étaient promesses d'une amélioration du sort de l'humanité. De ce fait, l'acquisition progressive d'avantages est une notion inhérente à l'optimisme du progrès. Lorsque les gens se considèrent comme dépositaires de ce qui a été conquis de haute lutte par les générations antérieures et qu'ils entendent la réforme comme une remise en cause de ces avantages, y compris ceux qui sont les plus légitimes, cela crée de fait cette espèce de surdité de l'opinion publique au mot même de réforme. Qui équivaut alors à une régression. C'est la raison pour laquelle on ne peut accepter comme définition de la réforme la remise en cause des avantages acquis.

VP : Bien sûr, président. Mais nous sommes dans une société trop immobile qui a besoin de se mettre en mouvement. Je suis quand même frappée par le fait que le mot même de réforme était à l'origine un mot de gauche. C'est une partie de la gauche qui était réformiste, qui voulait changer la société sans la révolutionner. Et ce mot de réforme est devenu aujourd'hui un mot profondément de droite. De même que la foi dans le progrès scientifique est en train de devenir une valeur de droite. J'ai constaté, dans mon action ministérielle, la crainte profonde qu'éprouve la société française à l'idée de se mettre en mouvement. Sans doute parce que en réalité elle ne sait pas vers où le mouvement la conduit. Parce qu'elle manque de confiance dans ses responsables politiques, aussi. Effectivement, si le mouvement la conduit vers une régression des conditions de vie, c'est mauvais. Mais à force d'être paralysé par la peur du changement, celui-ci devient moins naturel et plus difficile encore. Pour ma part, je suis dans un questionnement et une remise en cause permanents. Car le monde évolue, il évolue tous les jours...

AK : Je rappelle que le mouvement en soi, ce n'est pas le problème. C'est ce vers quoi il mène qui importe.

VP : Oui, bien sûr.

AK : Moi, je suis pour un objectif qui rende le mouvement désirable. Je ne suis pas mouvementiste. Je suis progressiste, mais non naïf, si vous voulez...

VP : Je ne suis pas bougiste non plus. Mais ce que je remarque, c'est qu'à force de ne pas bouger on en vient à défendre comme des avantages acquis des situations qui ne sont, en réalité, pas du tout efficaces. J'irai même plus loin : il y a un décalage parfois frappant entre la situation réelle, que tout le monde reconnaît à demi-mot tant qu'il n'est pas question de réforme, et le portrait que l'on vous en dresse dès qu'une proposition est mise sur la table pour changer les choses. Du jour au lendemain, le *statu quo* semble faire consensus. Tout sauf la réforme : c'est ce réflexe qu'il nous faut réussir à surmonter. Sans quoi nous serons condamnés à nous payer de mots. C'est un blocage très français. Chaban-Delmas le disait déjà en 1969 : en France, « on préfère trop souvent se battre pour des mots, même s'ils recouvrent des échecs dramatiques, plutôt que pour des réalités. C'est pourquoi nous ne parvenons pas à accomplir des réformes autrement qu'en faisant semblant de faire des révolutions. »

Les mots plutôt que les réalités. C'est quelque chose que nous avons vécu pendant la réforme. Par exemple, quand on nous expliquait que c'était un grand acquis de la démocratie sociale ou de la démocratie tout court que d'avoir des conseils d'administration de soixante membres parce que ça permettrait la représentation pure et parfaite de l'université dans toute sa richesse...

AK : Non. Jamais je n'ai défendu cette idée !

VP : Vous non, mais si vous aviez été entendu, nous aurions peut-être eu moins de mouvements de protestation contre l'autonomie.

AK : D'autre part, vous ne pouvez pas me considérer comme le modèle absolu des conservateurs...

VP : Non plus. Mais qu'est-ce qu'un avantage acquis, si c'est le droit de ne pas faire de recherche ou de ne pas être évalué, en tout cas sous telle ou telle forme ? Ce ne sont pas des droits fondamentaux. Ce ne sont pas des droits acquis, des conquêtes sociales pour le maintien desquelles il serait légitime de se battre.

AK : Il ne faut pas que la réforme soit un synonyme de régression. La réforme est désirable lorsqu'elle est synonyme de progression ou bien d'amélioration. C'était le langage des réformistes historiques, opposés aux révolutionnaires, aux conservateurs et aux réactionnaires. Le mouvement n'est pas désirable en tant que mouvement, il l'est en tant que moyen de changer ce qui ne va pas. Le seul monde dans lequel le mouvement serait toujours désirable serait l'enfer sur terre dont il n'y aurait rien à garder. À l'inverse, et cela vaut pour un autre débat, le principe de précaution ne doit pas être un principe d'immobilisme sans quoi ce serait considérer que le monde est à ce point idéal que toute innovation serait dangereuse.

VP : Le mot « autonomie » est un mot qui devrait plaire à la gauche...

AK : Il me plaît.

VP : J'en ai discuté un jour avec Monique Canto-Sperber, directrice de l'École normale supérieure, dont l'analyse m'a semblé très juste. L'autonomie renvoie en réalité à une logique de liberté et de responsabilité très étrangère au modèle français. L'autonomie fait peur parce qu'elle oblige à rendre des comptes. Rendre des comptes à qui ? À l'État, à quelqu'un qui n'est évidemment pas légitime pour qu'on lui rende des comptes ou alors à une instance d'évaluation indépendante, l'AERES, que l'on a mise en place. Mais quelle est sa légitimité pour nous évaluer ? C'est la question que posent certains. Donc l'autonomie a aussi fait peur, parce qu'elle s'accompagnait de la mise en place d'indicateurs. Quels indicateurs ? Comment mesurer la performance des universités ? Est-elle mesurable ? Comment mesurez-vous le génie ? Il fallait vraiment acclimater cette idée d'autonomie, qui faisait naître beaucoup de craintes. Et, si elle faisait peur, c'est parce qu'elle supposait de rompre avec une certaine logique française de défiance, parce qu'elle ne se concevait pas sans un vrai mouvement de confiance. De confiance de l'État dans les universités et dans la communauté universitaire. Et, en retour, de confiance des universités et de la communauté universitaire dans la capacité de l'État, de l'AERES, de tous les acteurs de l'évaluation à apprécier objectivement et sincèrement leurs efforts et leurs résultats.

Autonomie, concurrence et bien commun

AK : Avec mon itinéraire, j'ai été d'emblée favorable à la loi relative aux libertés et responsabilités des universités (LRU). Je l'ai dit, je l'ai répété. Depuis plus de vingt ans, je milite en faveur d'un rapprochement, voire d'une unification des professions de recherche et d'enseignement supérieur. Associé à la direction de l'INSERM ou du CNRS, selon les époques, j'ai manifesté mon soutien à l'idée d'une coordination renforcée dans le domaine des sciences du vivant. La perspective d'une vraie concertation entre le CEA, l'INRA (Institut national de la recherche agronomique), les sciences de la vie du CNRS et de l'INSERM dans le domaine de la biologie, m'apparaissait nécessaire. En tant que directeur de laboratoire, j'avais une certaine autonomie budgétaire. Dans un très grand institut comme le mien, je disposais d'un budget global d'environ 7 millions d'euros, sans les salaires, ce qui représentait déjà une somme considérable qui permettait de décider de telle ou telle action structurante, en termes d'équipement, par exemple.

Que l'université n'ait aucunement le moyen de faire cela me semblait à l'évidence entraver son envol. À l'annonce qu'une loi conférerait l'autonomie aux universités, ma première réaction a été d'emblée favorable – je n'ai pas compris l'opposition d'une partie de la gauche. Comment pouvait-on, en 2007, quand on se réclame plutôt des valeurs de gauche, comme moi-même, être opposé au principe d'autonomie ? L'inverse de l'autonomie est la dépendance ; qui préférerait la seconde à la première ? Il y a deux grandes traditions de la gauche française ; d'ailleurs, c'est vrai aussi de la droite : une tradition centralisatrice jacobine et une tradition plus décentralisatrice et autogestionnaire.

VP : Qui s'exprime fortement dans l'université, même si la tendance centralisatrice s'exprime aussi.

AK : Les deux s'expriment. Il faut bien rappeler que le principe de l'autonomie est la revendication par excellence du siècle des Lumières. Les femmes et les hommes de progrès, dans le sens politique du terme, s'en réclament. L'autonomie de la personne est la grande conquête du XVIIIe siècle. Celle du groupe, le phalanstère et la coopérative, les projets phares du XIXe et du début du XXe siècle.

Il m'est par conséquent apparu absurde de mener le combat contre un principe qui consistait à permettre aux communautés universitaires de décider elles-mêmes la part de leurs ressources qu'elles désiraient affecter à telle ou telle action scientifique ou pédagogique dont elles étaient convenues, sans avoir besoin pour cela de demander l'autorisation d'un bureau ministériel. J'ai entendu qu'on nous proposait, en tant que communauté à qui on fait confiance, d'élaborer un beau projet, avec la promesse de disposer des moyens et des marges de manœuvre pour le mettre en œuvre.

Ce modèle est celui de l'*Universitas magistrorum et scolarium parisiensis* de la charte de 1215. C'est aujourd'hui l'image d'une communauté académique pluridisciplinaire, interactive, où le juriste, le médecin, le mathématicien, le physicien, le philosophe et le sociologue sont capables d'envisager un avenir commun, d'en faire le projet et d'avoir les moyens de le mener à bien. Il s'agit là sans doute de l'un des très beaux projets de ce début du XXIe siècle. Si bien que d'emblée, à l'encontre d'une partie de ceux qui se réclamaient des mêmes valeurs que moi, j'ai été et je reste un partisan absolu du principe de l'autonomie des universités. Ensuite, j'ai demandé une autonomie vraie parce qu'il m'a semblé parfois que, méfiantes, les tutelles imposaient à la main gauche des contraintes en contradiction avec les libertés et responsabilités nouvelles concédées par la main droite.

VP : Il y a en effet une autre moitié de l'université qui m'accuse de ne pas en donner suffisamment...

AK : Je le sais bien. Je voulais simplement vous dire pourquoi il ne m'a pas effleuré un seul instant que l'on pût s'opposer à l'autonomie en tant que telle. J'eusse préféré que ce fût, peut-être, un président et un ministre de gauche qui l'eussent proposée. Mais je suis assez pragmatique. Si un jour le diable déclarait que les roses sentent bon, je ne me sentirais pas obligé de faire campagne pour affirmer qu'elles puent. C'est absurde. Le principe de l'autonomie, quelle que soit la raison pour laquelle il a été mis en avant, est de ceux qu'un citoyen attaché à la liberté du projet et de sa conduite ne pouvait pas refuser. Une telle opposition est selon moi un combat d'arrière-garde.

Cela dit, je vois l'autonomie des universités comme celle d'établissements publics à qui la nation a confié une mission qu'il leur revient de remplir selon un programme conçu de manière autonome, grâce à la mise à disposition des moyens organisationnels et matériels suffisants pour le réaliser. Cette question des moyens n'est pas triviale car elle donne sens à l'autonomie ; cette dernière ne serait guère mobilisatrice si elle revenait à transférer aux universités le soin de gérer une pénurie annoncée. Les pouvoirs publics interviennent pour faire valoir le bien commun, là où la contrepartie de l'autonomie est de favoriser, c'est peu évitable, certains comportements égoïstes. Telles sont dans mon analyse les conditions *sine qua non* d'une autonomie des universités à la française. Si bien qu'il n'y a pas, sur ce point, d'opposition entre votre position, Madame la ministre, et la mienne.

Mais j'insiste sur le rôle nécessaire des pouvoirs publics. Car les universités auront, sinon, tendance à ne privilégier que ce qui est avantageux pour elles, au préjudice des nécessités d'un service public de l'enseignement supérieur. Des secteurs de formation peu « rentables » mais indispensables risqueraient par exemple d'être délaissés. Un certain niveau de coordination publique m'apparaît compatible avec l'autonomie des universités.

VP : Je pense quand même qu'il y a un souci de l'intérêt général au sein de l'université en tant que telle...

AK : Ne soyons pas trop optimistes !

VP : Ah bon ?! (*Rires.*)

AK : Il est vrai que certains présidents d'universités, pas tous, loin de là, revendiquent l'autonomie des universités comme ils le feraient d'une entreprise privée. En n'ayant, par conséquent, d'autres contraintes et d'autres buts que ce qui concourt à la prééminence, et donc au succès, de leur établissement. Quelles qu'en soient les conséquences pour le tissu national de l'enseignement supérieur et de la recherche.

Les universités sont concurrentielles. Au mieux la saine émulation et, au pis, la concurrence sauvage. Les établissements vont essayer de se positionner. Ce peut être dans la complémentarité, mais aussi avec une agressivité susceptible de rompre l'équilibre d'un système d'enseignement supérieur et de recherche sur un site. Et l'État est là pour concilier le surcroît d'énergie et d'efficacité qu'offre l'autonomie avec la mission de service public.

VP : J'ai demandé à Philippe Aghion, l'un de nos meilleurs économistes, qui enseigne à Harvard, d'étudier les facteurs qui font rayonner les grandes universités du monde. Ils sont au nombre de trois. Le premier, c'est l'autonomie, parce que cela permet de prendre des initiatives, de concevoir des stratégies propres, de nouer des partenariats avec le monde économique. L'université devient maîtresse de son destin. Le deuxième pilier, ce sont les moyens. Sans argent, la stratégie ne peut aboutir. Et le troisième pilier, c'est la concurrence, qui permet aux ambitions de chacun de s'affirmer et qui pousse chaque université à définir sa propre identité, sa propre voie de réussite. Ainsi, avec de l'autonomie, des moyens et de la concurrence, on rentre dans un cercle vertueux. Chaque université a envie de faire le mieux possible, chacune a les moyens de ses ambitions et l'autonomie nécessaire pour atteindre ses objectifs.

En France, nous avons désormais plus de 90 % d'universités autonomes en trois ans. Ce qui représente un formidable succès, puisque le passage à l'autonomie était prévu, au départ, sur cinq ans. Objectivement, quand on a proposé l'autonomie, on ne s'attendait pas à ce résultat !

Au départ, dans le programme du président de la République, l'autonomie n'était prévue que pour les universités qui le voudraient. Ce sont elles qui ont réclamé « l'autonomie pour tout le monde ». Par peur, justement, que certaines ne se retrouvent devant et d'autres à la traîne. Et, malgré les protestations et la dureté des mouvements d'opposition à la loi que nous avons vécus, l'autonomie est un acquis désormais irréversible. Les quelques universités qui ne sont pas encore devenues autonomes souhaitent également l'être. Simplement, elles n'en ont pas les capacités immédiatement.

Néanmoins, récemment, le président d'une université pionnière de l'autonomie m'a dit que ce qui l'inquiétait, dans l'autonomie, c'était que la concurrence puisse se faire au détriment du service public. Il y a donc bien une question que l'on doit se poser : quelle régulation, quelle place pour l'État qui a un nouveau rôle à jouer, un rôle fondamental, sans pour autant retomber dans l'administration telle qu'elle se pratiquait auparavant ? Et justement, Axel Kahn, vous m'avez mise en garde et interpellée pendant toute la première année de l'autonomie en me disant : «Les contrôles sont encore trop tatillons. On nous demande encore plus de papiers...»

AK : Cela reste vrai...

VP : Ah non ! Vous ne pouvez pas dire ça ! Toute la question est de déterminer ce qu'il faut réguler. Je pense que l'État doit réguler un certain nombre de choses, qui sont absolument essentielles. Et notamment, en matière d'égalité des chances, il doit garantir la diversité des publics accueillis. Sinon, les universités choisiront les meilleurs et elles laisseront les autres de côté. Il faut donc garantir la mixité. L'État doit également s'assurer que la qualité de la formation est au rendez-vous dans toutes les universités, alors même qu'elles ont beaucoup de latitude pour différencier leurs pédagogies. Certaines proposent des stages obligatoires dès la licence, d'autres du tutorat gratuit, d'autres, comme les facultés de médecine, sont pionnières en matière de podcast pour aider les étudiants à mieux préparer les concours. La régulation est nécessaire pour assurer la valeur des diplômes nationaux sur tout le territoire et garantir à chaque étudiant qu'il aura accès à une formation de qualité, avec de vraies perspectives d'emploi à la clef.

AK : Pour en revenir à la question d'un sain équilibre entre autonomie et régulation, les économistes savent bien que l'absence de tout contrôle dans le libre jeu de la compétition et de la concurrence est l'une des racines de la crise que l'on connaît aujourd'hui. L'absence de régulation publique ne conduit nullement à l'équilibre mais au monopole. Pour ce qui est des universités, cela pousserait au même résultat. Si vous êtes à Lyon, il y a une grande et belle université des sciences dans la ville et il n'y a pas de compétition...

VP : Il y a Grenoble ou l'École normale supérieure de Lyon.

AK : Le choix existe entre Lyon et Grenoble, villes proches, vous avez raison. Le tableau est un peu le même à Bordeaux et à Toulouse. Cela est cependant amplifié en Île-de-France ou coexistent des universités de même type. Imaginons que, pour des raisons diverses, un établissement se trouve disposer à un moment donné de meilleures conditions et de plus de moyens que ses «compétiteurs». Il aura tendance à attirer les meilleurs chercheurs, les meilleurs enseignants, les meilleurs étudiants. Ayant l'embarras du choix, il sera enclin à privilégier les domaines et formations les plus prestigieux, à se concentrer sur le cœur de cible le plus attractif. Le tissu et l'offre de l'enseignement supérieur sur un site en sera le cas échéant fortement perturbé. Par ailleurs, il est bien normal que le ministère, lorsqu'il labellise les formations, veille à ce qu'elles ne soient pas ridiculement redondantes avec ce qui existe, alors même que des domaines de formation, que l'on imagine être essentiels pour l'avenir de notre pays, seraient en déshérence.

VP : Ou même des formations à petits effectifs ou des disciplines rares. Par exemple, l'hébreu ou le coréen doivent continuer à être enseignés.

AK : De manière générale, la vision des besoins de la nation requiert la persistance d'une structure centralisée. Alors comment peut-on s'en tirer ? On revient à la définition de l'autonomie. L'université autonome élabore son projet, pousse ses avantages. Sa victoire est d'accomplir au mieux sa mission de service public d'établissement d'enseignement supérieur et de recherche. Un tel établissement poursuivant une mission de ce type ne peut dès lors revendiquer une totale indépendance vis-à-vis des orientations décidées par le Parlement et le gouvernement. Les acteurs, ceux qui ont à la mettre en œuvre, sont les universités dont on va libérer l'énergie potentielle grâce à l'autonomie. La volonté, la créativité, la détermination ainsi libérées seront garantes d'une atteinte plus efficace des objectifs que s'est fixé l'établissement. Ce dernier peut d'autant moins feindre l'indifférence par rapport aux priorités de la nation que les moyens utilisés sont, pour l'essentiel, ceux du contribuable. J'ai noté, il y a un instant, la modicité actuelle, et sans doute future, de la contribution du privé au financement universitaire.

VP : Vous avez parlé d'égoïsme. Le mot n'est évidemment pas le bon. Il s'agit bien plutôt pour chaque université d'affirmer une image, une identité, une singularité. D'afficher sa différence, en quelque sorte...

AK : Une fierté...

Rentabilisation et profitabilité

VP : Oui, une fierté, un orgueil. L'orgueil ne doit plus être un péché capital dans l'université française. Pourtant, certaines n'ont pas d'annuaire d'anciens, pas de fondations, pas de partenariats avec les entreprises et les mécènes privés...

Les universitaires français me mettent souvent en garde contre la tentation de copier le modèle anglo-saxon. Ce qui tombe bien, car cela n'a jamais été mon intention : j'en connais parfaitement les limites. Ainsi, les universités anglo-saxonnes subissent une crise des vocations scientifiques majeure. Leur niveau *undergraduate* est très hétérogène, sa qualité moyenne n'est pas bonne et le président Obama est aujourd'hui obligé de lancer un grand plan de remise à niveau de tous les cursus de licence. Néanmoins, ce qui est intéressant, c'est leur mode de fonctionnement très organisé et qui offre aux professeurs une vraie liberté de chercher et d'enseigner.

C'est aussi en cela que la régulation est importante. Car mon rôle de ministre, c'est aussi de rendre le fonctionnement du système vertueux pour soulager les scientifiques de la gestion du quotidien. Cela demande un véritable effort de professionnalisation de certaines fonctions. C'est une partie très importante de la préparation du passage à l'autonomie, une partie qui ne se voit pas mais qui a demandé une forte mobilisation aux universités et aux équipes du ministère. L'autonomie conduit du même coup à introduire dans l'université française des profils qui viennent d'ailleurs, des gestionnaires ou des administrateurs aguerris qui se mettent au service de ces universités en mouvement. Vous avez cité le mot «entreprise». L'université française ne sera jamais une entreprise parce qu'elle ne sera jamais profitable. Pour la simple et bonne raison qu'enseigner n'est pas une activité profitable. Enseigner, c'est une activité qui coûte de l'argent.

AK : Il y a des entreprises d'enseignement qui sont pleinement prospères... L'INSEAD est une entreprise d'enseignement supérieur, sa profitabilité est excellente.

VP : Sans doute, mais parce qu'elle a une stratégie très spécifique qui ne peut pas être dupliquée dans l'ensemble du système universitaire !

AK : Certes, je contestais juste la généralisation...

VP : Quand vous créez une faculté de médecine, vous le faites pour des raisons d'intérêt général. Vous savez pertinemment que vous ne la rentabiliserez jamais !

AK : Nous pouvons donner quelques chiffres, si vous le voulez. À l'université, la formation des étudiants revient en moyenne à 10000 euros par an et par étudiant. Je vous rappelle que les frais d'inscriptions sont de 180 euros pour la licence, 230 euros pour le master et autour de 350 euros pour le doctorat. Impossible donc d'assurer une profitabilité.

VP : Oui.

AK : Certaines grandes écoles ont des frais d'inscription qui, associés à d'autres activités tels la formation continue, les séminaires, leur assurent une rentabilité certaine. Ce que font très bien HEC, l'INSEAD, ou Sciences-Po. Pour garantir une autonomie financière, il faudrait des droits à l'inscription bien au-delà de 10000 euros par étudiant, sans doute de l'ordre de 15000 à 18000. Je rappelle qu'aux États-Unis aujourd'hui, le taux moyen des droits d'inscription est au minimum de l'ordre de 5 000 à 6 000 dollars pour de petites universités de province, très aidées par l'État ou le budget fédéral. Sur la côte Est ou sur la côte Ouest, dans les grandes universités comme celles de Californie, de Philadelphie, le MIT et Harvard à Boston, les frais sont aujourd'hui de l'ordre de 35 000 à 40 000 dollars par étudiant et par an.

VP : Sans compter les frais incompressibles, comme le logement. Une année d'études coûte ainsi 50 000 euros aux familles. Pour faire face, les parents doivent commencer à économiser alors que leur enfant n'est pas encore entré à l'école...

AK : Ils s'endettent, vous le savez, et puis il y a le système de bourses pour certains...

VP : Les étudiants s'endettent, également, c'est exact, les parents aussi... C'est un système très dur.

AK : Une critique absurde a été faite en 2007, et encore pendant la crise de 2009, à la loi LRU. Les opposants proclamaient que les universités étaient vendues au patronat. Aujourd'hui, en moyenne, je l'ai dit, moins de 1 % du budget global des universités est d'origine industrielle. Je me satisferais d'un chiffre un peu supérieur, je l'avoue.

Autonomie, fusions et fédérations

VP : D'une certaine manière, l'enjeu de l'autonomie, c'est de réparer ce que Mai 68 avait cassé. On l'oublie souvent, mais l'une des conséquences majeures des mouvements étudiants de l'époque, c'est l'explosion en morceaux des grandes universités. La disparition de la Sorbonne une et indivisible date de cette époque. Le mouvement a été suivi partout en France : nous sommes ainsi passés d'une époque où une même université rassemblait toutes les disciplines, tous les étudiants et tous les enseignants-chercheurs à un paysage éclaté où, dans une même ville, on pouvait avoir trois ou quatre universités différentes, chacune tournée vers un grand champ disciplinaire. À compter de la réforme post-68, l'université a cessé d'être le lieu de tous les savoirs, elle a cessé d'être universelle. Et cela a affaibli durablement nos universités, qui sont aussi devenues moins visibles aux yeux du monde.

En 2007, il y avait 85 universités. On en compte désormais 83 depuis la fusion des trois universités de Strasbourg. Nous avons donc 83 universités et 225 écoles. Nos forces scientifiques et universitaires sont indiscutables. Mais quel éclatement ! Or pour faire face à l'émulation qu'introduit l'autonomie, nos universités ont besoin de rassembler leurs forces. Elles ont besoin de jouer collectif, d'être solidaires.

Cela veut dire qu'une université scientifique doit, par exemple, s'allier avec une université de sciences humaines et sociales ou bien avec une université de droit, économie et gestion. Et, bien sûr, avec des grandes écoles ! La recherche de pointe, aujourd'hui, elle se fait le plus souvent aux interfaces, à la croisée des disciplines. Quant à la formation, je l'ai déjà dit, elle doit être pluridisciplinaire : c'est la garantie d'une vraie culture et c'est essentiel pour que nos formations débouchent sur des emplois.

Derrière le rapprochement des universités, il y a tous ces enjeux. Et on est en train de réussir. Chacun va à son rythme et tant mieux. Pour l'instant, les choses vont beaucoup plus vite en province qu'à Paris.

Certes, vous êtes, Axel Kahn, un acteur déterminé du rassemblement universitaire à Paris. Mais, en province, les alliances se sont scellées très vite. Les universités parisiennes ont, pour elles, l'aura de la capitale. Elles savent qu'elles capteront plus naturellement les étudiants et les scientifiques étrangers. L'enjeu est différent pour les universités de province : elles doivent affirmer une image, une identité à l'échelle européenne et internationale. Elles l'ont parfaitement compris : à Bordeaux, à Montpellier, à Aix-Marseille ou bien encore en Lorraine ou à Strasbourg, depuis trois ans, on voit émerger une vision, une énergie, une détermination communes, qui sont proprement remarquables.

Prenez Aix et Marseille, c'est spectaculaire. Entre les deux villes, il y avait une rivalité séculaire qui handicapait le fonctionnement de trois universités entre Aix et Marseille. Et l'on va aboutir à un rapprochement, en 2012, qui fera de l'université unique d'Aix-Marseille une université de tous les savoirs, une université pluridisciplinaire, une grande université de recherche et de formation profondément ancrée dans son territoire et largement tournée vers la Méditerranée.

Je pourrais évoquer le rapprochement très prometteur de Metz et Nancy pour créer l'université de Lorraine, ou, dans un ordre un peu différent, ce qui se passe sur le plateau de Saclay. C'est un projet exceptionnel de cité de l'innovation qui rassemblera une proportion non négligeable des plus beaux esprits de nos pays et leur offrira un environnement de recherche et d'enseignement lui-même unique. Ce campus vert, convivial et à échelle humaine sera le symbole de la nouvelle alliance scellée par nos universités, nos grandes écoles et nos organismes de recherche. Imaginez : l'université d'Orsay, l'École polytechnique, Centrale, Mines ParisTech, Telecom ParisTech, Supelec, AgroParisTech, HEC, le CNRS et le CEA, entre autres... qui se rassemblent pour former un des plus beaux pôles scientifiques au monde ! C'est un projet que le président de la République porte avec énergie. Et de l'énergie, il en faut pour vaincre les habitudes et convaincre tous ces partenaires d'exception – ils sont vingt et un – de s'allier pour aller plus loin encore ! Il y a des réticences de part et d'autre, mais j'ai confiance : parce que, au fond, chacun connaît l'enjeu, celui de construire ce qui sera sans doute demain un plateau scientifique capable de rivaliser avec le MIT ou la Silicon Valley. Il y a des occasions que notre pays ne peut pas manquer !

Et puis, il y a Paris. Le nombre et le prestige des établissements compliquent singulièrement les rapprochements. Prenez Sorbonne Universités, l'alliance qui réunit Paris 2-Assas, Paris 4-Sorbonne et Paris 6-Pierre-et-Marie-Curie. Sur le papier, c'est une équipe qui a tout pour fonctionner et pour briller : voilà trois universités dont les champs de formation et de recherche ne se recoupent pas, mais se complètent, avec une université de droit et d'économie-gestion, une université de lettres et sciences humaines et une université de sciences dites « dures ». C'est un vrai cas d'école, une alliance qui a tout pour faire émerger un pôle d'exception dans tous les domaines, comme Cambridge ou Oxford. Eh bien, pour construire la gouvernance commune de cet ensemble, il a fallu des mois et des mois de discussion, au point que j'ai parfois douté, il faut bien le dire, de l'existence d'une volonté commune assez forte pour aboutir...

C'est cette volonté qui est déterminante : ainsi, lorsque vous avez décidé, Axel Kahn, de lancer un projet commun autour d'une alliance entre Paris-Descartes et Paris-Diderot, certains se sont interrogés : voilà deux universités qui ont des formations communes, des domaines de recherche communs. Vont-elles parvenir à s'entendre ? Est-ce le bon modèle ? Eh bien, Paris-Descartes et Paris-Diderot ont formé un noyau extrêmement fort et cohérent qui a permis de structurer un ensemble a priori beaucoup plus difficile à intégrer, avec d'autres universités, comme Paris 13, et des grandes écoles, comme Sciences-Po ou les Langues O. Tous ces établissements travaillent ensemble sur des projets communs. Et c'est dans ce cadre, je crois, que vous présentez vos projets pour les investissements d'avenir. Sorbonne-Paris-Cité, puisque c'est le nom que vous avez choisi, voilà l'exemple même d'une alliance dont le potentiel est décuplé par la volonté des acteurs. À l'origine, vous vouliez vous rapprocher de Paris 1...

AK : Madame la ministre, la volonté des acteurs était d'être aussi associés à Paris 1-Panthéon-Sorbonne mais vous l'avez interdit...

VP : Non, je n'interdis jamais. Si j'interdisais, vous vous braqueriez...

AK : C'est équivalent.

VP : J'ai suggéré qu'on demande à un jury international de se prononcer sur la pertinence d'un tel projet, en évaluant, par exemple, la viabilité d'une université qui aurait accueilli plus de 150000 étudiants. Cela n'était pas raisonnable.

En revanche, je n'ai émis aucune objection quand vous m'avez proposé de dépasser les frontières du périphérique pour faire une grande université comprenant Paris 13, l'université particulièrement dynamique de Villetaneuse, de Bobigny et de Saint-Denis, que vous ne vouliez pas laisser de côté. Vous voyez que je me laisse convaincre par de bons arguments.

Quant à l'université de Paris 1, elle est partie dans une direction un peu différente : c'est un modèle original, qui unit une université avec plusieurs grandes écoles, comme, les Arts et Métiers, le CNAM, l'ESCP Europe, l'École des chartes ou l'ENA, mais aussi avec ces fleurons de la recherche en sciences humaines et sociales que sont l'École des hautes études en sciences sociales (EHESS) et l'École pratique des hautes études (EPHE). Là encore, cela ouvre de nouveaux horizons...

Au bout de cette logique de rapprochement des forces, il y a l'idée d'avoir trois grandes universités à Paris, peut-être même quatre. Il reste, en effet, encore un pôle dont l'avenir est un peu moins clair, mais qui est en train de se constituer sur la Montagne-Sainte-Geneviève autour du Collège de France et de l'École normale supérieure. C'est un projet en devenir...

Ma conviction, en tout cas, c'est qu'il n'y a pas de modèle unique : construire un nouvel ensemble universitaire, c'est d'abord une affaire de projet et de volonté partagés. Ils fleurissent un peu partout et l'on commence à voir se dessiner la carte d'une quinzaine de pôles universitaires à visibilité mondiale que vont former en se rassemblant nos 83 universités et nos 225 écoles.

AK : Je partage avec vous un élément d'analyse. Dans les raisons qui m'ont amené à soutenir la loi LRU et le mouvement de constitution des pôles de recherche et d'enseignement supérieur (PRES) – c'est le nom que l'on a donné à ces premiers recoupements...

VP : C'est un nom mal choisi. Il n'évoque rien. En réalité, ce sont des universités confédérales. À terme, il faudrait les appeler universités. Mais au-delà des sigles, l'enjeu, c'est bien le rayonnement universitaire de notre pays. J'ai été à Berkeley, à Stanford, au Japon, en Inde, en Chine... Eh bien, partout, lorsque vous demandez à des scientifiques de vous citer le nom d'une université française, ils vous répondent la Sorbonne. C'est dire à quel point le paysage est illisible vu de l'étranger. Pourtant on s'arrache nos diplômés et on s'arrache nos chercheurs. C'est un vrai paradoxe, avec en arrière-plan une question d'image : Yale, Heidelberg ou Todai sont parfaitement identifiées partout dans le monde. Pourtant, derrière ces noms, vous avez des réalités aussi distinctes que le sont Paris 5-Descartes et Paris 7-Diderot. Prenez Cambridge : le King's College, le Trinity College ou le Pembroke College ont chacun une identité très forte. Mais ils sont rassemblés dans l'université de Cambridge. C'est une image de marque que l'on peut exporter, tout comme l'appellation de Sorbonne !

AK : À travers la loi de 2006 sur les PRES, puis la loi LRU, le fait qu'il soit possible à des universités prestigieuses, l'université Louis-Pasteur, par exemple, à Strasbourg, de se rapprocher, le cas échéant de fusionner avec d'autres universités, telles les universités Robert-Schumann et Marc-Bloch, m'est apparu positif. Ces ensembles sont complémentaires d'un point de vue disciplinaire et peuvent mettre en commun leurs moyens. Cela permet à certains moins bien dotés de profiter de la plus grande aisance d'autres. Que les universités autonomes aient la possibilité de décider de leurs alliances est un progrès. J'ai d'emblée perçu les avantages de ces dispositions et ai dit à mes collègues, aux gens de « Sauvons la recherche » et de « Sauvons l'université » ainsi qu'aux étudiants : « Vous avez tort de considérer que la loi LRU sera à coup sûr facteur d'aggravation des inégalités entre les universités. Le regroupement est un moyen sans doute efficace de les combattre. » Et je prenais l'exemple – cela est sur le point d'aboutir – des universités de Normandie. Aujourd'hui, peut-être, le diplôme délivré par les universités de Caen et de Rouen a, en moyenne, plus de prestige que celui délivré par l'université du Havre. Les points forts de Caen, de Rouen et du Havre sont différents. Disons pour fixer les idées (mais c'est trop schématique), la biologie-médecine à Rouen, les sciences physiques, l'imagerie à Caen et le commerce international au Havre. En les réunissant, vous créez une superbe université pluridisciplinaire. Si les étudiants de l'université du Havre sont diplômés de l'université de Normandie, cela change tout. Ce qui n'empêche pas Le Havre de tracer son sillon, de faire valoir sa spécificité, grâce à sa position portuaire.

Quand je suis arrivé à la présidence de l'université à Paris, je me suis trouvé dans une situation un peu particulière de ce point de vue-là. D'abord, les universités parisiennes, notamment la mienne, sont déjà très grosses. Mon université à elle seule est presque aussi grosse que les trois universités de Strasbourg fusionnées.

VP : Combien d'étudiants accueillez-vous ?

AK : Paris-Descartes compte aujourd'hui 37 600 étudiants et Strasbourg 42 000. D'autre part, nous étions l'exemple typique des universités restées pluridisciplinaires. Mon établissement est la seule université de Paris intra-muros qui soit active dans les quatre grands secteurs de recherche et de formation : sciences et techniques ; sciences humaines et sociales ; droit économie-gestion, et santé, enfin. Or l'université Paris-Diderot, notre partenaire privilégié, est elle aussi pluridisciplinaire. Cela m'est apparu être en fait un atout dans notre stratégie. En revanche les universités Paris 2-Panthéon-Assas, Paris 4-Paris-Sorbonne, Paris 6-Université-Pierre-et-Marie-Curie, forment de grands ensembles monodisciplinaires en droit/économie ; sciences humaines et sociales ; sciences, techniques et santé. La difficulté est ici de créer des convergences. Les collègues l'ont fait par l'intermédiaire de doubles licences, sciences et droit, par exemple. Dans le cas des universités Paris-Descartes (P5) et Paris-Diderot (P7), les chevauchements autorisent d'emblée des collaborations dans de nombreuses disciplines.

Comparons Paris-Descartes et Harvard. Paris-

Descartes : 37 600 étudiants, Harvard : 20 000 étudiants. Mais Paris-Descartes n'a que 1 500-1 600 doctorants, non comptés les doctorats d'exercice en médecine, pharmacie et odontologie, et Harvard 6 000. Le nombre de doctorants est un bon indice de la puissance de la recherche. Si bien qu'il m'est, à moi aussi, apparu intéressant d'essayer de construire un système confédéral à la française constituant, au niveau du master et du doctorat, un ensemble comparable, et par conséquent compétiteur crédible des plus grandes universités du monde, Harvard, les universités californiennes ou bien Cambridge en Angleterre. Et c'est la raison pour laquelle je me suis lancé à corps perdu dans la création de ce PRES parisien, Sorbonne-Paris-Cité, avec, outre Paris-Descartes et Paris-Diderot, deux autres universités parisiennes (Sorbonne-Nouvelle-Paris 3 et Paris 13-Nord) et quatre grands établissements, dont Sciences-Po et Langues O (aujourd'hui INALCO). La vie parisienne est compliquée. Je ne vais pas rentrer dans les détails, c'est de la petite histoire marquée par des rivalités ancestrales, ce sont les Capulet et les Montaigu en quelque sorte, parfois Dallas. J'écrirai, plus tard, sur mon expérience à l'université.

VP : Ce poids de l'histoire, on le retrouve partout ou presque. C'est pour cette raison qu'il faut vraiment séparer la fin des moyens. La fin, c'est l'affirmation d'un projet de recherche et de formation qui fasse émerger un nouvel ensemble universitaire, une nouvelle université en somme, plus forte et plus visible. Et puis il y a les moyens pour arriver à cet objectif : les universités peuvent fusionner, comme à Strasbourg, elles peuvent aussi se transformer en un grand établissement ou bien encore constituer un pôle de recherche et d'enseignement supérieur, c'est-à-dire une université fédérale. Au fond, peu importe la solution retenue : l'essentiel, c'est qu'il y ait un vrai projet commun et une gouvernance adaptée.

Chacun de ces modèles peut fonctionner. Quand Bordeaux me dit : «Nous avons quatre universités à Bordeaux, une de droit, d'économie et de gestion, une de sciences humaines et sociales, une de sciences dures et une de médecine et nous allons les rapprocher pour créer l'université fédérale de Bordeaux», cela me va très bien. C'est la même chose à Lyon. Je n'ai qu'une exigence, mais elle est cardinale : ne pas rajouter de la complexité sur de la complexité. Les universités qui se rassemblent ne doivent pas créer une strate d'administration supplémentaire, mais bien déléguer un certain nombre de compétences qui seront exercées efficacement.

Et l'essentiel, derrière les modalités, derrière la gouvernance, c'est l'objectif recherché. Et je crois que c'est avant tout de donner de la cohérence à un paysage tellement morcelé que l'on s'y perd facilement. Prenez les formations : en Île-de-France, un père ou une mère qui veut inscrire son enfant dans le supérieur a du mal à s'y retrouver. Il a en face de lui un nombre considérable de cursus, des cursus qui, pour certains, se ressemblent trait pour trait et sont proposés par deux universités séparées par quelques centaines de mètres de distance. Comment peut-il choisir ?

Autonomie, pluridisciplinarité et régulation

VP : Les pôles de recherche et d'enseignement supérieur (PRES), ces universités fédérales que j'évoquais à l'instant, ont aussi un rôle scientifique majeur. C'est en leur sein que peuvent se développer des programmes innovants de recherche pluridisciplinaire. Les universités ne se rapprochent pas par amour des grands nombres. Elles se rapprochent parce qu'elles deviennent des universités de tous les savoirs, avec une recherche qui peut mêler les disciplines, leur permettre de se rencontrer, de dialoguer, de se nourrir les unes des autres. Rassembler tous les savoirs dans une université, c'est une véritable ambition scientifique. Et certains projets de recherche que vous, Axel Kahn, développez dans votre université ne pourraient sans doute pas s'affirmer de la même façon à plus petite échelle...

AK : Il y a toujours eu une certaine autonomie des laboratoires de recherche qui n'ont pas attendu une autorisation pour travailler en collaboration étroite, quel que soit leur établissement de rattachement...

VP : Dans un enchevêtrement qui fait le charme du système français...

AK : Certes, mais il faut susciter, il faut ordonner, il faut rationaliser le mouvement...

VP : Faire face à la complexité du système français...

AK : Ce mouvement fait partie de la tendance qu'a le chercheur à se tourner vers l'extérieur. La recherche est mondiale, on travaille avec un laboratoire américain, anglais, italien... il y a une rivalité, une émulation entre les universités Paris-Diderot et Pierre-et-Marie-Curie (UPMC). Il n'empêche que les mathématiciens de l'UPMC et de Paris-Diderot travaillent ensemble, bien entendu, et les physiciens aussi. Les communautés disciplinaires n'ont que faire de ces divisions administratives.

VP : Il y a des liens naturels, mais ils sont très informels. Il a fallu créer en 2006 des réseaux thématiques de recherche avancée par grands domaines pour fédérer tous ces travaux collectifs...

AK : C'est moins révolutionnaire pour ce qui est de la recherche. Il faut immédiatement écarter un spectre qui est celui du désir d'une rationalisation excessive...

VP : Qu'est-ce qu'une rationalisation excessive ?

AK : C'est l'application aux formations d'une seule logique comptable : se contenter de supprimer, par exemple, tout ce qui est équivalent dans des établissements différents, dans un but de pure économie de postes et de moyens... L'harmonisation des formations va bien au-delà, elle doit être enrichissement. Certes, il n'est pas question de se satisfaire des redondances. Par exemple, le PRES Sorbonne-Paris-Cité comprend deux grands ensembles d'études anglophones. L'un à Paris-Diderot (P7) et l'autre à Sorbonne-Nouvelle (P3). Le champ « langues et civilisations anglaises » est vaste. Les collègues de Paris-Diderot et de Sorbonne-Nouvelle ont intérêt à collaborer et à se partager le travail dans un éventail élargi d'offres de formation et de recherche, de sorte à créer un continuum visible et attractif. Et ce que je dis de ce domaine vaut pour la médecine entre trois des universités de Sorbonne-Paris-Cité, pour la philosophie morale, voire le droit.

Dernier point, dans la recherche, l'université a un avantage qui n'existe nulle part ailleurs. C'est le seul lieu réel de mise en œuvre de la pluridisciplinarité. La pluridisciplinarité est un mot qui sonne bien, qui est dans l'air du temps. Partout on entend qu'il faut développer les nanotechnologies... et privilégier la pluridisciplinarité, c'est à la mode.

VP : (*Rires.*)

AK : La pluridisciplinarité exige, pour prospérer, un même lieu et un même projet, presque la règle des trois unités du théâtre. Par exemple, nous avons, dans mon université, créé des instituts universitaires Paris-Descartes et des axes thématiques prioritaires (ATP). L'un d'entre eux est intitulé « Adolescence ». Dans cet ATP Adolescence, on trouve des médecins spécialistes de la puberté, des psychanalystes, des psychiatres qui travaillent sur ce moment important du développement de la personnalité. Participent aussi à cet ATP des collègues intéressés par l'addiction aux drogues car l'adolescence est une période de grande fragilité à cet égard. Il y a ceux qui, par imagerie fonctionnelle du cerveau, étudient les corrélats structuraux de la pensée adolescente, de l'apprentissage. Des juristes se penchent sur le phénomène très particulier de la délinquance des adolescents. Une équipe de linguistes est spécialiste de l'analyse de la créativité linguistique dans les communautés d'adolescents. Des sociologues de la famille, de l'école et des groupes de jeunes complètent ce panel.

Un autre de ces axes s'appelle « Apprendre, comprendre, savoir ». Il développe un concept évident mais peu considéré ailleurs. Nous avons regroupé des collègues qui étudient, grâce à l'imagerie fonctionnelle, le cerveau en train d'apprendre, des spécialistes des sciences de l'éducation, des sociologues spécialistes des communautés d'enseignants et d'apprenants. Une scission totale entre une approche par les sciences humaines et sociales et une autre par les sciences cognitives, n'a pas de sens. L'activité fonctionnelle de l'encéphale d'un élève apprenant, aussi bien que les connexions qui s'établissent au sein des communautés pédagogiques et de la famille, les relations maître-élève, la linguistique et la didactique, sont indispensables, conjointement, pour progresser dans la compréhension du processus éducatif. Un axe de recherche pertinent sur un sujet de ce type doit être pluridisciplinaire. Il est indispensable qu'il soit mené à l'université et par des établissements pluridisciplinaires.

VP : Ce que vous dites est d'autant plus intéressant que cela conforte la réforme de la formation des enseignants. La loi Fillon a intégré les instituts universitaires de formation des maîtres aux universités. Au nom d'un principe de bon sens : c'est à l'université que doivent se former les enseignants, au contact de la recherche en train de se faire. De la recherche pédagogique, bien sûr, et vous venez d'en citer un bon exemple. Mais aussi de la recherche dans leur discipline. Tout au long de leur carrière les enseignants doivent être chez eux à l'université. La réforme des universités et celle de la formation des enseignants ont partie liée. La formation des professeurs est un facteur de rayonnement des universités. Et je suis heureuse de voir qu'une université comme la vôtre, qui n'a pas d'IUFM, a commencé à réinventer la formation des professeurs, en n'hésitant pas à franchir les frontières des disciplines.

Je pense que cela montre aussi ce que devrait être une université du XXIe siècle, c'est-à-dire une université française qui ne craint pas de se remettre en cause, y compris lorsqu'il s'agit des barrières disciplinaires – sciences, lettres, médecine, etc., y compris lorsqu'elle conçoit ses cursus de formation et ses cursus de recherche. C'est un signe de confiance en soi et d'identité retrouvée : il est d'autant plus facile de changer que l'on n'a pas peur de se perdre au passage.

L'autonomie des universités permet de remettre à plat tout ce qui doit l'être. C'est à la communauté universitaire de s'en saisir : à elle de regarder la carte des formations, de se demander si les équilibres sont les bons, si les débouchés sont là, s'il y a assez d'enseignants dans telle ou telle filière pour accompagner les étudiants. À vous, les acteurs, de vous saisir de ces libertés et de ces responsabilités nouvelles. Vous avez désormais les moyens de mettre votre force de réflexion et votre créativité au service de notre université. L'État, quant à lui, jouera son rôle d'accompagnateur, de régulateur et de garant.

Je suis frappée de voir émerger une génération de présidents d'universités qui sont vraiment visionnaires, qui ont un projet pour leur établissement, qui ont envie de faire, de convaincre et d'entraîner derrière eux la communauté et qui affirment sans complexe leurs ambitions pour leur université. C'est un mouvement quasi général. L'université est vraiment de retour.

L'un des signes qui le montrent, ce sont les remises de diplômes en toge, qui se multiplient, qui deviennent une occasion d'affirmer une certaine forme de fierté universitaire retrouvée avec l'autonomie. Cette fierté, elle est collective. J'évoquais les présidents, mais vous le savez parfaitement, Axel Kahn, une équipe présidentielle ne bâtit pas un projet seule. Elle organise le dialogue, elle ne peut se passer un instant du dialogue. Et, de cette interaction avec les équipes d'enseignants-chercheurs naissent des choses extraordinaires : par exemple Montpellier-3 qui crée une fondation pour financer grâce au mécénat un projet unique de dictionnaire des hiéroglyphes. Tout cela bat en brèche les idées préconçues et notamment celle qui posait que, par principe, le monde économique ne financerait jamais les sciences humaines. L'idéologie se trouve démentie par les faits.

AK : Le financement par le privé des sciences humaines reste modéré, pour être franc...

VP : Il est modéré, mais il existe. Quand on n'essaie pas, président...

AK : Certainement...

VP : Ce projet de dictionnaire des hiéroglyphes m'a frappé parce qu'il montre que les lignes sont en train de bouger. Pensez à toutes les conventions qui sont en train de se signer entre des universités et les entreprises de leur territoire, comme à Rennes... Que de chemin parcouru... Le patron d'une très grande entreprise, clairement identifié à gauche, m'a raconté qu'il y a quelques années à peine, il s'était adressé aux responsables d'une université francilienne près de laquelle sa société avait des centres de recherche. Il leur avait demandé : « Que pouvons-nous faire ensemble ? » Et la réponse avait fusé : « Rien. » Ces bonnes volontés ont longtemps été découragées. Parfois par idéologie. Parfois par peur des réactions internes. L'université s'autocensurait. Elle se fixait des limites. C'est cela aussi qui a changé.

La révolte des enseignants-chercheurs

VP : Lorsque j'ai lancé la loi sur l'autonomie, Jean-Pierre Soisson, qui, parce qu'il a été ministre de l'Enseignement supérieur, connaît parfaitement cet univers et soutenait la réforme, m'a mise en garde : « Fais la réforme de l'autonomie mais, surtout, ne touche pas aux statuts. » Les statuts, ce sont les sujets les plus délicats, les plus sensibles. Parce qu'on a alors affaire aux individus, à leur carrière, à leurs espoirs, au contrat moral qu'ils ont passé avec le monde universitaire en décidant d'embrasser leur carrière. C'est un point de cristallisation.

Mais l'autonomie conduit naturellement à la question des ressources humaines et de leur gestion. La richesse, le terreau du rayonnement universitaire, si vous me permettez cette expression, c'est la matière grise, ce sont les hommes et les femmes qui y enseignent et y cherchent. Parmi les libertés et les responsabilités nouvelles qu'elle offrait, l'autonomie ouvrait notamment la possibilité aux universités de mieux gérer leurs ressources humaines, donc les enseignants-chercheurs. Notre souci, c'était de permettre aux établissements d'offrir plus de souplesse aux universitaires, pour que, à tel ou tel stade de leur carrière, ils puissent faire plus de recherche ou plus d'enseignement. Par exemple, un maître de conférences qui s'est beaucoup investi dans la formation doit pouvoir, à un moment donné, se concentrer sur son habilitation à diriger des recherches. Et c'était important, car cela permettait également de rendre la profession d'enseignant-chercheur aussi attractive pour les jeunes scientifiques que celle de chercheur.

Naturellement, cela supposait de traiter d'autres questions... Par exemple, cela n'a plus grand sens aujourd'hui de réduire le temps d'enseignement au temps passé face aux étudiants. Plus que jamais, avec le plan Réussir en licence, l'enseignement, c'est aussi du tutorat, du temps passé à préparer les cours, à affiner sa pédagogie. Toutes ces activités existent. Elles ne cessent de se développer, mais, paradoxalement, on ne les prenait pas en compte dans les obligations de service, du moins en théorie. En pratique, les universités essayaient de rectifier à la marge, mais sans cadre légal. Ce que prévoyaient les textes, c'était un certain nombre d'heures d'enseignement, 128 heures en cours magistraux ou 192 heures de travaux dirigés pour les professeurs et les maîtres de conférences. Et 384 heures pour les professeurs agrégés du secondaire.

AK : Pour les enseignants-chercheurs, les 192 heures d'enseignement sont complétées par 192 heures de recherche.

VP : Tout à fait. La raison pour laquelle un maître de conférences enseigne 192 heures et un professeur agrégé du secondaire 384 heures, c'est que le premier est à la fois enseignant et chercheur : il consacre donc la moitié de son temps à la recherche. C'est le schéma posé par le décret de 1984, le texte de référence, qui ne valorisait absolument pas le temps passé à des activités d'enseignement comme le tutorat. De plus, l'évaluation de la recherche effectuée par les enseignants-chercheurs était peu ou mal organisée.

AK : En fait, ils sont évalués lors des promotions.

VP : Dans l'absolu, l'activité de recherche d'un enseignant qui n'aurait été candidat à une aucune promotion pouvait donc n'être jamais évaluée. Par exemple, un maître de conférences qui ne voudrait pas devenir professeur... Nous touchons là au point le plus sensible, celui qui a été au cœur de la réforme : la question de l'évaluation.

Le monde universitaire est dans une situation très paradoxale : certains enseignants-chercheurs, parce qu'ils s'inscrivent dans les logiques internationales ou parce qu'ils appartiennent à des unités mixtes de recherche, sont quasiment évalués en permanence. Prenez le cas d'une unité de recherche qui a quatre institutions de tutelles : cela se traduisait par quatre évaluations en quatre ans. Dans certains cas, on frisait donc véritablement l'hyperévaluation. Mais il était d'autres hypothèses où l'évaluation était beaucoup plus rare dans une carrière.

À partir du moment où nous voulions donner plus de souplesse aux universités autonomes, pour mieux tenir compte des aspirations des enseignants-chercheurs tout au long de leur carrière, nous devions aborder la question de l'évaluation. Il fallait que les universités puissent prendre leurs décisions sur des bases objectives et embrasser d'un même regard les attentes d'un universitaire d'un côté, et de l'autre la réalité, à un instant donné, de son activité d'enseignement et de recherche. Pour l'enseignement, cela voulait dire tenir compte du métier sous toutes ses facettes. Et, pour la recherche, cela voulait dire une évaluation régulière.

J'ajoute que nous avions aussi comme objectif d'augmenter la proportion de promotions décidées au sein de l'université elle-même. Là encore, c'était une suite logique de l'autonomie. Aujourd'hui, 50 % des promotions se font au niveau national, à l'issue d'un processus complexe où le Conseil national des universités joue un rôle crucial. Et 50 % seulement sont décidées au niveau des universités elles-mêmes. Nous voulions modifier cette proportion, mais nous n'y sommes pas parvenus.

AK : Le métier d'enseignant-chercheur défini par le décret de 1984 ne correspondait plus à la réalité. Même au niveau des promotions en interne, dans les établissements eux-mêmes, les critères étaient flous. Ils étaient censés prendre en compte, outre la qualité de la recherche, l'engagement collectif et la pédagogie. Mais une promotion sur une telle base, pour être équitable, est exigeante. Il n'existe que quatre paramètres en fonction desquels on peut décider d'une promotion ou d'une qualification. Ce sont l'ancienneté, le hasard, l'arbitraire ou l'évaluation. Il est impossible de préférer les premiers à la dernière. Certes, les activités de recherche étaient déjà évaluées, plus ou moins bien. Il convenait sans contestation que la pédagogie et les fonctions collectives le fussent également.

L'association Sauvons la recherche a été créée en 2003 à l'Institut Cochin, dont j'étais à l'époque le directeur. Sous l'impulsion d'Alain Trautmann, un très brillant immunologiste, chercheur au CNRS et médaille d'argent de cet organisme, elle a été à l'origine d'un mouvement historique de contestation qui a conduit, à la fin de l'été 2004, aux États généraux de la recherche, à Grenoble. Les syndicats de chercheurs et d'enseignants-chercheurs y étaient, bien entendu, très représentés. Parmi les conclusions de cette réunion figure la revendication d'une certaine homogénéisation et normalisation de l'évaluation des chercheurs et des enseignants-chercheurs. Or il faut savoir que les chercheurs statutaires sont évalués tous les deux ans sur la base d'un rapport d'activité complet. Une mise à jour annuelle de ce rapport est même requise.

Dès mon arrivée à la présidence de l'université, j'ai créé une mission d'évaluation de la qualité pédagogique et une autre d'évaluation de la recherche, comme je l'avais annoncé dans mon programme électoral. Et j'ai indiqué que l'un des maîtres mots de ma présidence serait « évaluation ». Ces prémices sont surprenantes puisque la réforme, initialement demandée de part et d'autre, a, en fait, abouti à un conflit très dur dans l'enseignement supérieur.

VP : C'est intéressant. Vous reconnaissez de manière très franche les limites, pour ne pas dire les lacunes du processus d'évaluation des enseignants-chercheurs tel qu'il existait jusqu'ici.

AK : Je les reconnais sans aucun problème.

VP : Vous le reconnaissez et vous n'êtes pas le seul. Mais, dans le discours ambiant sur la réforme du statut des enseignants-chercheurs, il s'est produit une sorte de confusion, ou plutôt, d'inversion. Nous abordions la question de l'évaluation pour permettre la modulation de service et rendre ainsi les carrières plus attractives. Dans l'esprit de certains, nos intentions ont été interprétées de manière complètement inverse : la modulation devenait la sanction de l'évaluation, une sorte de brimade que l'on imposait aux enseignants-chercheurs mal évalués.

Du même coup, la réforme a été mal vécue, parce qu'elle touchait un point très sensible chez certains enseignants-chercheurs, qui avaient le sentiment que leurs conditions de vie et de travail ne cessaient de se dégrader et qui voyaient dans une possible évaluation-sanction la goutte d'eau qui venait faire déborder le vase. Je pense en particulier à ceux qui, depuis des années, voyaient leurs salaires stagner, la reconnaissance sociale s'étioler, leurs locaux se dégrader, leurs étudiants devenir de plus en plus nombreux, avec tout ce que cela pouvait signifier en terme de pédagogie à renforcer et de travail supplémentaire à faire. Ils ont eu le sentiment qu'ils avaient tout accepté, mais qu'ils ne pouvaient pas aller plus loin. Paradoxalement, la réforme du décret de 1984, que j'ai lancée à l'automne 2008, est peut-être arrivée trop tôt : nous étions en train d'injecter des moyens supplémentaires absolument considérables, mais cela n'était pas encore visible partout. Au fond, c'est encore l'université mal aimée et plus ou moins abandonnée depuis des années qui a alors réagi. Le renouveau venait à peine de commencer...

AK : La première mouture de ce décret...

VP : Oui, c'est vrai, elle comportait une maladresse... J'en prends ma part de responsabilité : cette incompréhension, je ne l'ai pas anticipée. Je n'ai donc pas pu la dissiper... Je le regrette, car les questions qui étaient posées à l'occasion de cette réforme étaient cruciales.

AK : L'université, dans son ensemble, c'est la recherche et la formation. Ce sont deux missions de la même noblesse. Il n'y a donc pas à établir de hiérarchie entre l'une et l'autre. Par de nombreuses formulations, ce qui était indiqué dans la première version de votre décret, c'est que la modulation, à savoir la modification de ce rapport entre 192 heures d'enseignement et 192 heures de recherche (c'est-à-dire le service normal d'un enseignant-chercheur), serait la conséquence d'une évaluation négative dans le domaine de la recherche.

VP : Il devenait possible de demander d'enseigner davantage à ceux dont les évaluations en recherche n'étaient pas positives à un moment donné.

AK : Cela m'a choqué, moi le chercheur. En effet se dégageait l'impression que vous établissiez une hiérarchie entre la noblesse de la recherche et l'aspect trivial de l'enseignement. La charge pédagogique était alourdie pour ceux qui n'étaient pas jugés capables de faire de la bonne recherche, sans mesure réciproque pour les mauvais enseignants, bien sûr. Cela est choquant car cela revient à confier à ceux qui sont trop mauvais pour faire de la recherche l'essentiel de la charge de l'enseignement. Un tel message est antinomique avec l'idée que l'on se fait de l'enseignement supérieur, par essence adossé à la recherche. La première réaction, extrêmement vive, épidermique, violente même, des enseignants-chercheurs a été liée à cette perception. Alors que, bien entendu, la bonne formulation eût été de rappeler l'égale noblesse de ces deux missions...

VP : C'était le premier article. Vous l'avez vécu comme ça, vous l'avez lu comme ça...

AK : Toute la communauté l'a vécu comme ça.

VP : Les deux premiers articles du projet de décret définissaient ces deux missions de formation et de recherche. Ils posaient également le principe des 192 heures. Ce que laissaient entendre ces articles, de manière un peu abrupte, je le reconnais, c'était qu'un enseignant-chercheur qui était mal évalué en recherche devait pouvoir enseigner davantage.

AK : Mais on ne demandait pas à un enseignant-chercheur mal évalué en pédagogie de faire plus de recherche ! La totalité de la formulation était marquée par ce déséquilibre, Madame la ministre ! Relisez le texte. L'équilibre entre les deux fonctions n'était en rien préservé.

VP : On aurait effectivement pu ajouter la proposition symétrique et imposer, dans certaines circonstances, de faire plus de recherche. Il y avait une vraie logique et cela ne m'aurait absolument pas choquée. L'égale dignité de ces deux missions fondamentales ne fait aucun doute. Mais, en même temps, vous voyez bien qu'elles ne sont pas de même nature : pour constater qu'un enseignant-chercheur remplit son service de formation, il suffit de consulter un emploi du temps. L'activité de recherche, elle, s'exerce dans un cadre différent. C'est un processus beaucoup plus long, beaucoup moins net. On la définit par un nombre d'heures, mais la recherche se prête mal à cette forme de quantification. Elle se traduit par des résultats, par des publications, par des avancées... C'est cela qui était en jeu dans l'évaluation. Et c'est aussi la raison pour laquelle il y avait un déséquilibre dans les formulations.

AK : Il fallait également noter que le monde de l'enseignement supérieur et de la recherche n'échappait pas à l'effort demandé de réduction de l'emploi public. Un petit nombre, mais significatif, de suppressions de postes avait été annoncé.

VP : Un départ à la retraite sur six...

AK : Non remplacés. Si bien que la lecture qui a été faite par les enseignants-chercheurs est qu'on leur proposait une surcharge d'enseignement pour compenser une diminution du nombre des postes. La révision du décret n'a, de la sorte, pas été vue comme une mesure de justice mais comme une réponse comptable à la carence des moyens.

VP : Vous avez raison de rappeler que cela se faisait dans un contexte de suppressions de postes, aussi minimes qu'elles aient été. Il nous était demandé de ne pas remplacer un départ à la retraite sur six. Pour le reste de la fonction publique, je le rappelle, la règle était de un sur deux. Au demeurant, c'est la seule année où cette norme nous a été appliquée. Mais c'est arrivé au plus mauvais moment : nous étions en train de faire une réforme statutaire, nous traitions donc des missions et des conditions de travail et nous étions obligés, en même temps, de supprimer des postes. Dans les esprits, un lien s'est ainsi établi entre les deux sujets, qui n'avaient rien à voir.

J'avais vu ce risque et je l'avais fait valoir avec énergie dans les discussions interministérielles qui scandent la préparation du budget. Dans un contexte de passage à l'autonomie des universités et de réforme statutaire, ce n'était pas un bon signe. Ces suppressions de postes ont été montées en épingle et elles ont contribué à tendre la situation.

AK : Dans la mienne, on en a supprimé dix, quand même...

VP : Sur combien, président ? Sur plusieurs milliers de postes dans votre seule université. Il faut redonner aux choses leur juste proportion. Ce sujet a aussi donné lieu à une utilisation, pour ne pas dire une exploitation dans un contexte d'opposition aux réformes. Cela étant, je comprends qu'on ait pu aussi y voir, en toute bonne foi, un signal négatif et c'est pour cela qu'avec le Premier ministre, nous avons pris l'engagement, affirmé en 2010, de ne supprimer aucun poste jusqu'en 2013 !

Pourquoi ? Parce que la réforme demande beaucoup d'investissement aux hommes et aux femmes qui font vivre l'université. Vous l'avez dit, il y a des équipes qui travaillent comme jamais peut-être elles n'ont travaillé et qui, parfois, se sentent proches de la saturation. J'en ai parfaitement conscience. C'était vrai en 2009 et cela l'est plus encore aujourd'hui. Cette réforme, elle est portée de l'intérieur par des équipes d'enseignants-chercheurs qui s'investissent avec une énergie extraordinaire, parce qu'ils ont la vocation chevillée au corps, bien sûr, mais aussi parce qu'ils sentent qu'il se passe quelque chose d'important depuis plus de trois années et demie, quelque chose d'historique.

Réussir en licence

VP : En parallèle du passage à l'autonomie, j'ai lancé le plan Réussir en licence. C'était, je l'ai dit, une demande des étudiants qui y voyaient la suite logique de l'autonomie. Ils avaient parfaitement raison, car, au travers de la réussite en licence, c'est à la fois la vocation et l'image de l'université qui étaient en jeu. Les deux sont inséparables : la noblesse de l'université, ce qui fait sa différence et son identité dans notre enseignement supérieur, c'est qu'elle accueille tous les bacheliers, quels qu'ils soient et d'où qu'ils viennent. L'université est une promesse faite à tous les jeunes de la nation, une promesse que l'échec en premier cycle vient cruellement démentir. Au lieu d'apparaître comme ce qu'elle est, c'est-à-dire le lieu de tous les possibles et l'espace où peut se construire l'ascension sociale, l'université finissait ainsi par être considérée par certains comme synonyme d'échec. C'est cela qui était devenu inacceptable et c'est pourquoi j'ai fait de la réussite en licence une priorité absolue.

La première pierre de l'édifice, c'est une meilleure orientation, ce que nous avons appelé « l'orientation active ». Pourquoi active ? Pour souligner qu'il fallait à la fois en finir avec la logique de la fausse ouverture et la tentation de la sélection-couperet. Ce que je qualifie de fausse ouverture, c'est le discours qui consiste à dire aux étudiants : « Vous êtes libres de vous inscrire dans la filière universitaire de votre choix après le baccalauréat» et à s'arrêter là. Tout le monde sait pourtant qu'après un an de médecine, par exemple, il y a un peu plus de 80 % d'échec. Tout le monde sait aussi qu'avec un baccalauréat professionnel, la réussite dans des études de droit est extrêmement rare. Derrière l'ouverture de principe, il y a aussi des réalités : l'étudiant doit les connaître, il faut l'en informer, il faut l'accompagner et lui dire la vérité sur ses chances de réussite et d'insertion dans telle ou telle filière.

L'orientation active, c'est cela : c'est une orientation qui se mûrit et qui se réfléchit tout au long de l'année de terminale – voire plus tôt encore ! Nous avons mis en place un outil extraordinaire, le portail Internet admission-post-bac, sur lequel les élèves de terminale doivent obligatoirement inscrire leurs choix de poursuite d'études après le bac. Il recense quasiment toutes les formations supérieures et permet aux lycéens, lorsqu'ils formulent leurs vœux dès le mois de mars de terminale, de bénéficier d'informations et de conseils personnalisés. Une fois qu'ils sont pleinement informés, les futurs étudiants restent libres de leurs choix. L'université leur est ouverte. Mais leur choix sera éclairé, parce qu'ils en mesureront pleinement les avantages et les risques. Il n'y a rien de pire que de laisser un jeune s'engager sur une voie qui lui convient a priori très peu sans qu'aucun adulte ne l'ait mis en garde sur le risque qu'il prend. C'est cette fausse ouverture qui nourrit chez certains la tentation de la sélection-couperet, des barrières à l'entrée. Comme si le fait qu'il y ait, dans chaque université, des filières non sélectives était un mal en soi ! C'est absurde : derrière l'idée de sélection, il y a une forme de malthusianisme universitaire, une sorte de nostalgie de l'époque où les étudiants étaient bien moins nombreux et mieux préparés aux études supérieures. Je ne partage pas cette nostalgie. Pour moi, la démocratisation est une bonne chose, c'est un acquis, parce qu'elle a permis à des jeunes d'obtenir des diplômes que, dix ou vingt ans auparavant, leurs parents n'auraient même pas osé rêver obtenir.

Mais attention, il ne faut pas céder un pouce sur l'exigence dans les cursus universitaires : la démocratisation ne prend son sens que si elle conduit à des diplômes de qualité. Cette idée est au cœur du plan Réussir en licence, qui redessine l'architecture des formations pour permettre aux étudiants de réussir tout en garantissant notre niveau d'exigence. La première année devient ainsi une année fondamentale, durant laquelle les étudiants tout à la fois consolident leurs acquis et découvrent un éventail de disciplines dans le champ qu'ils ont choisi. Je dis « éventail » parce que, jusqu'ici, dès la première année, on plongeait à corps perdu dans une seule discipline. Un étudiant qui avait choisi les mathématiques ou la philosophie passait les trois quarts de son temps à étudier les mathématiques ou la philosophie. Cela avait deux conséquences : la première, c'est qu'une erreur d'orientation débouchait sur un échec absolu. Si vous n'étiez pas fait pour la philosophie et les mathématiques, tant pis pour vous ! La seconde, c'est que les étudiants perdaient en culture générale et en compétences ce qu'ils gagnaient en spécialisation. Il faut trouver un bon équilibre entre exigence disciplinaire et ouverture aux autres savoirs.

Ce chantier, nous l'avons ouvert avec les universités.

J'ai décidé de consacrer 730 millions d'euros supplémentaires sur cinq ans pour lutter contre l'échec en licence et mettre en place des dispositifs innovants. Nous avons beaucoup travaillé sur le contenu de la première année, mais aussi sur l'accompagnement des étudiants. Jusqu'ici, entrer à l'université, c'était faire le grand saut : du jour au lendemain, les jeunes passaient d'un univers très structuré et très encadré, celui du lycée, à un monde où ils devaient tout d'un coup se prendre en charge. La transition ne se faisait pas toujours bien. Désormais, les étudiants sont accompagnés et épaulés, ils sont accueillis dès leur prérentrée, des tuteurs prennent le temps de leur expliquer les codes et le mode de fonctionnement de l'université, ils sont suivis tout au long de l'année. Ce qui s'est, par exemple, beaucoup développé, ce sont les « semestres rebonds » : si un étudiant est en train de décrocher au cours du premier semestre, plutôt que de le laisser courir à l'échec en fin d'année, on lui propose un second semestre de remise à niveau et de consolidation des acquis, pour que, ensuite, il puisse reprendre le cours de ses études dans de bonnes conditions ou préparer une vraie réorientation. Parce que, là aussi, nous savons bien qu'il y a des étudiants qui comprennent très vite qu'ils ont fait une erreur, qu'ils se sont fourvoyés en rentrant en licence générale. Aujourd'hui, on ne leur propose pas de solution. Mon objectif, c'est de leur permettre de s'engager très vite sur une autre voie s'ils le souhaitent, en rejoignant une section de technicien supérieur (STS), par exemple.

Mon but ultime, c'est pouvoir faire quasiment du « sur-mesure », en brisant les murs qui séparent les différentes filières : un étudiant doit pouvoir passer de la licence à une STS, tout comme un étudiant qui a décroché son BTS doit pouvoir continuer ses études pour obtenir une licence ou rejoindre une école d'ingénieur ou un master après une année de préparation.

AK : Je ne m'inquiète pas trop pour le taux d'échec en médecine et dans les filières de santé parce qu'il existe une autosélection – parfois une sélection qui ne dit pas son nom. En réalité, les élèves qui ont un bac passable ne s'inscrivent pas en médecine parce qu'ils savent – on le leur dit assez – qu'ils n'ont strictement aucune chance. Tout est fait pour les dissuader d'une telle folie. Si bien que malgré le taux d'échec important au concours de fin de première année des études de santé, au bout de trois ans, on trouve peu d'élèves sur le carreau, la réorientation est assez facile et fonctionne plutôt bien.

En revanche, parmi les 66 % d'étudiants qui échouent entre la première et la deuxième année de licence de droit, les 55 % entre la première et la deuxième année de licence de psychologie, les 50 % entre la première et la deuxième année de licence de sciences humaines et sociales, les 75 % entre la première et la deuxième année de licence de mathématiques-informatique, le déchet est considérable.

J'approuve, c'est évident, le plan Réussir en licence. Le programme électoral, sur la base duquel j'ai été élu, comportait déjà la création d'une mission qui s'appelait « parcours en licence ».

VP : C'est une proximité politique, entre nous, insoupçonnée...

AK : Croyez-vous qu'il s'agisse là de politique ?

L'objectif était bien de diminuer l'échec en licence. La seule réforme qui serait très efficace, ce n'est pas la sélection à l'entrée de l'université, qui est plutôt le moyen de se débarrasser du problème sur d'autres. Mais sur qui ? En réalité, l'inscription conditionnelle en première année de licence n'est raisonnable que s'il reste des filières de qualité pour ceux qui sont rejetés.

VP : C'est pour ça que je travaille pour créer des passerelles entre la licence d'un côté et les BTS et les DUT...

AK : Il faut sacrément en développer quand vous voyez les masses d'élèves concernés. C'est en 1966, qu'ont été imaginés les instituts universitaires de technologie, les IUT. Et je me rappelle un discours d'un homme politique de l'époque qui expliquait que les IUT devaient constituer une voie non sélective d'entrée dans l'enseignement supérieur associée à une intense orientation professionnelle progressive en fonction de l'épanouissement, des désirs et des capacités des étudiants...

VP : C'est le contraire qui s'est produit. Les IUT sont sélectifs.

AK : En effet, cela ne s'est pas passé ainsi parce que très peu d'IUT ont été créés et ils sont devenus des instituts de cycles courts des plus sélectifs : 40 000 demandes et 800 admis dans l'IUT de mon établissement, par exemple.

VP : Nous avons ouverts beaucoup de places en IUT. Seulement, les étudiants et leurs familles les plébiscitent, parce qu'ils sont très professionnalisant, à la différence de la licence jusqu'ici...

AK : C'est de moins en moins vrai, Madame la ministre, je vous le promets...

VP : Demandez aux parents !

AK : L'immense majorité de ceux qui sont en première année de licence de droit, de mathématiques-informatique, de sciences humaines et sociales, de linguistique, etc. seraient refusés de toute façon à l'IUT. L'enseignement à l'IUT est merveilleux. Avec des taux de succès que ne connaît hélas pas l'université dans les autres domaines : 85 à 88 % de diplômés. C'est inouï ! Alors il y a un biais, bien sûr. Comme pour les bacheliers à Louis-le-Grand. Vu le niveau exigé à l'entrée, c'est bien le moins que les élèves décrochent leur bac ! L'enseignement de l'IUT fonctionne en petites classes, ce qui implique un taux d'encadrement bien supérieur à celui des licences générales avec leurs 500 à 600 étudiants par amphithéâtre. Ce taux d'encadrement correspond, au mieux, à la situation psychologique d'une partie de ces jeunes qui viennent du secondaire et subissent cette transmutation intellectuelle considérable que représente le passage du lycée à l'université.

VP : Oui, président, mais on ne trouve plus d'amphithéâtres bondés qu'en médecine ! Je le regrette, car les cours magistraux en amphithéâtre font partie de l'identité de l'université. Ils permettent d'approcher et d'entendre de très grands professeurs dès le premier cycle. Mais, en réalité, ces cours magistraux sont de moins en moins nombreux. Je l'avais constaté en me rendant dans une grande université de lettres : au lieu des amphithéâtres bondés que l'on m'avait annoncés, j'ai trouvé des petits groupes d'une vingtaine d'étudiants. En réalité, l'université avait déjà commencé à faire évoluer son modèle en entremêlant cours magistraux et cours en petits groupes. Le plan Réussir en licence a permis d'accélérer cette évolution. Les grands amphithéâtres, on ne les remplit plus guère qu'en médecine...

AK : Je vous assure, Madame la ministre, que telle n'est pas du tout mon expérience...

VP : Ailleurs qu'en médecine, vous avez encore des cours de première année qui se déroulent dans les grands amphithéâtres ?

AK : Pas uniquement, il y a toujours aussi des travaux dirigés. Mais les grands amphis sont utilisés en sciences humaines et sociales, en psychologie, en droit, et, bien sûr, en première année de médecine.

VP : L'objectif du plan Réussir en licence, c'était de trouver un bon équilibre entre cours magistraux et travaux dirigés en petits groupes.

AK : Les taux d'encadrement sont très différents et, comme vous le savez, un étudiant en IUT coûte une fois et demie plus cher qu'un étudiant à l'université.

VP : Il faut utiliser ces chiffres avec précaution ! Si un étudiant en sciences humaines coûte beaucoup moins cher qu'un étudiant en filière technologique, c'est aussi parce qu'il y a des dépenses d'équipement et d'infrastructure qui ne sont pas les mêmes d'un cursus à un autre.

AK : Mon IUT – dans le XVIe arrondissement – n'est pas vraiment technologique. Si j'avais les moyens de remplacer les licences telles qu'elles existent aujourd'hui par un système d'enseignement fondé sur ce que l'on fait dans les IUT, je le ferais sans hésiter, et ce serait, j'en suis persuadé, un succès. Mais c'est vraiment un problème de moyens et financiers et humains...

VP : On va y arriver, président, on va y arriver...

AK : Dans le système dont je rêve, on ferait bien sûr jouer tout son rôle à l'université. Je vous l'ai dit, l'université est complémentaire de ce que fait la sélection pure et dure des classes préparatoires et des grandes écoles. L'université est, en effet, le lieu où il est possible de compenser, dans une certaine mesure, les conséquences d'une scolarité qui n'a pas été poussée à son maximum chez des jeunes issus de la diversité et de milieux socio-économiques non favorisés. C'est ce que j'appelle la maïeutique universitaire, une gestation accompagnée qui permet à certains de se rétablir en découvrant la richesse, les possibilités et les talents qui les habitent et que les conditions de leur vie et de leur scolarité n'avaient pas permis de faire émerger.

Mais pour en arriver là, il faut créer les conditions. Il s'agit là, selon moi, d'une priorité nationale. La première des réformes de l'enseignement supérieur, la plus essentielle, serait sans doute une refonte totale du premier cycle, c'est-à-dire de la licence, remplacé par un système calqué sur ce que l'on fait fort bien dans les IUT, moins le côté sélectif. Cette orientation et cette identification progressive des talents et des capacités aboutiraient soit à une professionnalisation à bac + 3, soit aux masters du deuxième cycle. C'est cela que j'appellerais de mes vœux. Mais aujourd'hui, Madame la ministre, je n'ai pas les moyens de le mettre en œuvre.

VP : Pour ma part, je vois dans le modèle que vous décrivez un risque de « secondarisation » de l'université, c'est-à-dire une université qui ressemblerait trop au lycée. La force de notre enseignement supérieur, c'est qu'il propose des modèles pédagogiques très différents. Je ne veux pas passer cette diversité par pertes et profits, en décrétant qu'il y a un modèle qui marche et qu'il faut généraliser aux dépens de tous les autres, qui, eux, ne fonctionneraient pas. Au contraire, je pense même qu'il faut essayer de rapprocher les cultures. C'est la raison pour laquelle j'essaie de rapprocher les universités des grandes écoles. Parce que en réalité le modèle des IUT est très proche de celui des grandes écoles : il repose lui aussi sur le travail en petits groupes, sur l'accompagnement et sur la professionnalisation. Ces pratiques pédagogiques, l'université peut et doit s'en inspirer. Mais elle a aussi des atouts à faire valoir : les grands cours magistraux, le contact avec la recherche en train de se faire, plus de place pour la créativité, de plus grandes libertés et de plus grandes responsabilités laissées aux étudiants. Ce modèle fait aussi rêver beaucoup d'étudiants engagés dans d'autres cursus très contraignants.

AK : Il faut en effet que les grands professeurs enseignent en première année de licence et fassent partie de ceux qui donnent la passion d'apprendre aux étudiants qui s'inscrivent.

VP : Oui, mais je ne suis pas sûre que les grands professeurs trouvent aujourd'hui toute leur place dans les premiers cycles. Quant aux IUT...

AK : Là, Madame la ministre, vous n'êtes pas parfaitement informée. Dans la plupart des IUT, 50 % des étudiants poursuivent leurs études en master. De plus en plus, l'IUT est utilisé en tant que « propédeutique » sélective du deuxième cycle universitaire ; elle permet à des étudiants triés sur le volet d'échapper au marasme des licences générales et de leurs gros bataillons. Quant aux grands professeurs, nous les incitons en effet à enseigner en première année. La tendance, hélas, est que trop d'entre eux s'en dispensent. Mais nous essayons de toutes nos forces de les motiver.

VP : Certains grands professeurs font cela par conviction. C'est presque un acte militant. Mais il est vrai que nombreux sont ceux qui ont arrêté d'enseigner en premier cycle, pour des raisons que l'on peut comprendre. Mais là encore, ne nous laissons pas paralyser par nos habitudes ou nos schémas de pensée. L'université change. Les esprits eux aussi évoluent et vont continuer à le faire, plus lentement sans doute. Ne nous laissons pas emporter par notre tendance à théoriser le déclin. Vous connaissez comme moi ce problème : des voix fortes se font entendre pour stigmatiser le déclin, mais elles viennent souvent de grands esprits qui ont quitté depuis longtemps l'université et qui vivent avec une image de ce qu'elle est – ou de ce qu'elle devrait être – qui date de l'époque où ils y étaient étudiants ou professeurs.

Un exemple parmi d'autres : on entend très souvent dire qu'il n'y a pas de filières sélectives dans l'université française et qu'elle meurt de cette absence de sélection. Mais c'est faux : il y a également des filières sélectives à l'université !

Pour vous répondre, Axel Kahn, je pense que l'urgence, c'est effectivement de poursuivre la réforme du premier cycle pour faire émerger une nouvelle licence qui mariera exigence académique et professionnalisation.

Mais ce n'est pas la seule priorité. Nous devons aussi achever l'harmonisation européenne des diplômes et donner tout son sens à la séquence licence, master, doctorat. Cela veut dire faire de la licence le diplôme de référence de premier cycle. Mais cela voudra dire aussi, un jour ou l'autre, poser la question de la sélection à l'entrée du master. Autant je suis farouchement opposée à l'idée d'une sélection généralisée à l'entrée en premier cycle – je préfère, vous l'aurez compris, un « accueil personnalisé » des étudiants selon leur niveau –, autant je trouve, comme beaucoup, absurde la situation actuelle où, après la licence, les étudiants entrent naturellement en première année de master, avant de se heurter, en milieu de diplôme, à la barrière de la sélection. Ils peuvent donc se retrouver en échec au bout d'un an, avec un demi-diplôme qui ne jouit d'aucune reconnaissance. Cela n'a pas de sens. Il faut avoir le courage de le dire aux étudiants. Je pense qu'on y arrivera un jour, parce que dans l'université, depuis trois ans, on ne manque pas de courage. Et tant mieux, car comme le disait Churchill, c'est la première des qualités, celle qui garantit toutes les autres.

Bien entendu, il serait possible de continuer indéfiniment avec un master coupé en deux. Mais je crois que ce serait une grave erreur. Le diplôme de master est crucial pour l'université française, car c'est lui qui lui permet de rivaliser avec les grandes écoles et avec les universités étrangères. Chacun voit aujourd'hui l'importance qu'il prend dans le paysage. Pour être au rendez-vous, l'université est en train de construire un diplôme de master très fort, qui allie un très haut niveau de culture et de savoir, lié à l'adossement à la recherche et une vocation professionnelle puissante.

Peu à peu, nous sommes en train de sortir du schéma antérieur, où l'on plaquait le master sur l'ancienne maîtrise, à l'issue de laquelle on avait le choix entre un diplôme d'études approfondies (DEA) et un diplôme d'études supérieures spécialisées (DESS), selon que l'on voulait poursuivre en thèse ou trouver un emploi. Mais les vieilles habitudes ont la vie dure. Une partie des milieux économiques continue à parler de «bac + 4», alors que ce niveau a disparu de fait. L'APEC, l'Association pour l'emploi des cadres, fait encore des statistiques de chômage à bac + 4 !

Cela n'est pas anecdotique. Car aujourd'hui, l'enjeu, c'est de construire des diplômes dont la valeur soit claire pour tout le monde, pour les étudiants et leurs familles, bien sûr, mais aussi pour le monde professionnel. Il faut que, dans l'esprit de tous, les choses soient claires, que l'on sache ce qu'est une licence, ce qu'est un master, ce que l'on peut en attendre et là où ils mènent. Sur les diplômes, nous avons besoin d'un consensus social très fort.

Pour forger ce consensus social sur les diplômes, il faut que la société française soit partie prenante de leur construction. Il faut que les entreprises et les services publics nous disent ce qu'ils attendent d'un diplômé. À nous, en retour, de mieux leur faire comprendre tout ce dont un étudiant qui a décroché une licence ou un master est capable. Ce dialogue doit devenir la règle.

Il passe aussi, c'est l'évidence, par des stages en cours de cursus. Pourquoi ? Parce que le meilleur moyen, pour un employeur, de voir ce qu'il peut attendre d'un diplômé, c'est de l'accueillir en cours de formation. C'est cela aussi qui a rendu si familiers aux entreprises les titres délivrés par les grandes écoles. À l'université, cela manque encore. Le résultat, c'est que faute d'être certain de faire le bon choix, un recruteur proposera à un étudiant diplômé de master de l'embaucher comme stagiaire – autrement dit, à l'essai. Les jeunes le vivent très mal et je les comprends. C'est une remise en cause directe de leurs compétences et de l'investissement qu'ils ont consenti en s'engageant dans des études longues et difficiles.

C'est la raison pour laquelle je me suis battue pour interdire ce que l'on appelle les « stages hors cursus », autrement dit les emplois déguisés en stages. Je comprends que les employeurs aient besoin de recruter des diplômés qui aient déjà une expérience professionnelle. Mais cette expérience, c'est en cours de cursus, pendant leurs stages, que les jeunes doivent l'acquérir. Et non après !

C'est pour cela qu'il faut plus de stages dans les cursus universitaires. Mais cette expérience doit être clairement valorisée : elle doit l'être une fois le diplôme obtenu, ce qui suppose que le diplômé recruté à sa sortie de l'université bénéficie d'un vrai contrat de travail. Elle doit aussi l'être au cours des stages qu'un étudiant fait pendant ses études. J'ai beaucoup travaillé avec les entreprises sur la gratification des stages. Nous avons progressé, tout stage de plus de deux mois doit donner lieu au versement d'une gratification minimale, qui est de l'ordre de 420 euros. Mais il nous reste encore du chemin à faire. Nous avançons avec, en ligne de mire, une idée qui me tient à cœur, le développement, et pourquoi pas la généralisation, des stages longs dans tous les cursus. Bien sûr, il faudra les faire rentrer dans le calendrier universitaire...

AK : Nous venons de voter que l'année universitaire durerait dix mois, Madame la ministre...

VP : Il ne suffit pas de le voter, il faut aussi le faire !

AK : Et on le fait.

VP : Je viendrai visiter votre université entre le 1er et le 15 septembre, pour voir comment cela marche...

AK : Je vous accueillerai très volontiers. Tous les cours ne seront pas rentrés, je le reconnais, mais, au moins, on inscrira les étudiants... (*Rires.*)

VP : J'en suis heureuse, président ! Une fois encore, l'essentiel, c'est d'offrir le maximum de souplesse, en tirant parti de la semestrialisation pour développer les stages longs. On pourrait même imaginer une année de césure, comme dans certaines grandes écoles. Là aussi, les universités avancent plus vite que les esprits ! Il y a quelques jours, je recevais une université qui proposait un diplôme de master qui comprenait une année de césure en entreprise. Il y avait donc une expérience professionnelle obligatoire d'un an comprise dans le cursus. Mais certains dans mon ministère se demandaient s'il ne s'agissait pas d'une sorte de diplôme à bac + 6 déguisé et s'il fallait reconnaître cet objet non identifié... Pourtant, ce n'était pas autre chose qu'un master qui se fait en trois ans, ou, si vous préférez, un bac + 5 qui se fait en six ans. Vous voyez que les universités innovent et qu'elles ont tout de suite vu l'intérêt de l'année de césure, comme celle qu'a créée Sciences-Po. L'université change, à nous de suivre le rythme !

AK : Je dois avouer faire une analyse de la licence et des cursus proche de la vôtre, Madame la ministre. Il convient en effet que le grade de licence, à bac + 3, débouche sur de vraies possibilités d'insertion professionnelle. Cela est dans la logique du système LMD que j'ai toujours approuvé, d'autant que j'étais membre, en 1997-1998, de la commission installée par Claude Allègre et présidée par Jacques Attali pour transposer le processus européen dit « de Bologne » dans l'enseignement supérieur français. J'avais, d'ailleurs, à l'époque, plaidé en faveur d'une intégration immédiate des études de santé dans le système LMD. Aujourd'hui, en dehors des licences professionnelles et des niveaux licences délivrés, par exemple, aux étudiants en soins infirmiers, les débouchés professionnels au terme de la licence sont très insuffisants. Je soutiendrai, par conséquent, toute réforme de nature à améliorer cette situation.

J'ai déjà proposé une piste qui s'inspire de l'expérience des IUT. Je vous approuve de tenter d'accroître les stages en entreprises dès la licence, mais ce sera difficile car les effectifs sont immenses et les stages à la réelle capacité de formation ne sont hélas pas illimités.

Une autre voie que vous explorez est d'accroître la

pluridisciplinarité en première année de licence. Vous avez raison. J'ai moi-même, il y a plusieurs années déjà, enjoint mes enseignants-chercheurs de ne pas « assommer » d'emblée les jeunes issus du lycée par la rigueur de leur discipline. Le jeune du « 9.3 » dont la scolarité a été moyenne est effaré lorsque, dès le premier cours de sociologie, il entend disséquer le processus par lequel Émile Durkheim a peu à peu créé les bases de l'indépendance des sciences sociales par rapport à la psychologie. Beaucoup sont d'emblée dégoûtés, ils n'accrochent pas. Il faut de façon impérative prendre ces jeunes par la main et les mener avec attention et bienveillance de là d'où ils viennent vers là où on désire les conduire.

Permettez-moi maintenant de revenir au problème de l'enchaînement LMD et de la persistance des pratiques anciennes. Vous avez raison sur le diagnostic mais non lorsque vous vous désespérez que rien n'avance. En effet, en droit, en psychologie, plus partiellement en sociologie, la référence au niveau bac + 4 de l'ancien temps persiste avec ténacité. Mais nous réagissons. Les syndicats étudiants l'ont exigé, les règlements l'imposent, il ne doit pas y avoir de sélection entre la troisième année de licence et la première année de master (M1). Résultat, vous l'avez rappelé, les psychologues, les juristes et d'autres ont institué un concours entre la première et la seconde année du master (M1 et M2), alors qu'il n'y a pas de sortie diplômante et professionnalisante après le M1. C'est absurde. Pis, même. Parfois – c'était le cas dans l'UFR Paris-Descartes de psychologie – les notes au concours entre M1 et M2 prenaient en compte celles obtenues en troisième année de licence

(L3). Résultat à la Raymond Devos : entraient en master des étudiants qui, compte tenu d'une note juste au-dessus de la moyenne en L3, n'avaient aucune chance, aucune, d'accéder jamais en M2 et de terminer leur master, par conséquent d'être psychologue autorisé à exercer. Une vraie chausse-trappe, un piège pour étudiants. Dans son contrat quadriennal, l'université Paris-Descartes s'est engagée à supprimer tout concours entre le M1 et le M2 (seul un examen habituel est maintenu) et, en contrepartie, à mettre en place un système d'orientation-contingentement actif à l'entrée en master, de sorte de n'y inscrire que des étudiants susceptibles de le terminer. Les jeunes licenciés ne sont pas abandonnés ou rejetés, ils sont aidés dans leur choix d'une filière qu'ils seront capables de suivre jusqu'à son terme. Des discussions avec les représentants étudiants les ont amenés à convenir qu'ils étaient les victimes des pratiques antérieures. Ces dispositions ont été adoptées à l'unanimité par les conseils de l'université où les étudiants sont bien sûr représentés. Voyez, Madame la ministre, l'université autonome avance, elle prend toutes ses responsabilités.

4

Comment l'université peut-elle façonner l'avenir ?

Attachement et méfiance vis-à-vis de la recherche

VALÉRIE PÉCRESSE : Nous sommes un très grand pays de science. Notre excellence scientifique se compte en prix Nobel ou en médailles Fields, pour les mathématiques, mais aussi de manière plus immédiate et tangible au travers des bourses décernées depuis trois ans par le nouveau Conseil européen de la recherche (ERC). La France est le deuxième pays en Europe par nationalité des jeunes chercheurs lauréats, toutes disciplines confondues et leur deuxième pays de destination.

Cela veut dire que des chercheurs qui se voient décerner les bourses décident de venir travailler dans un laboratoire français. Nous disposons d'un formidable potentiel d'attraction du fait de la qualité de nos scientifiques. Sans parler de la qualité de vie française, de nos services publics ou de notre politique familiale. Ce potentiel mérite d'être encore mieux exploité.

Nous sommes un grand pays de science, avec de très grands chercheurs, mais avec un problème de relève des générations ainsi qu'une difficulté à transformer la recherche en innovation. Une grande revue scientifique a classé les grands pays de recherche en plusieurs catégories : les « stars », comme les États-Unis, le Japon, l'Allemagne, le Royaume-Uni, les « grands pays d'innovation », comme Israël, la Corée du Sud ou Singapour qui n'ont pas encore de science fondamentale à la hauteur de leur capacité à déposer des brevets. Il y a aussi les « prometteurs » avec la Chine et l'Inde, et enfin les « tours d'ivoire » : la Russie et la France. Les « tours d'ivoire », ce sont les pays qui ont une très forte recherche fondamentale et, en même temps, une grande difficulté à transformer ce qu'elles trouvent, ce qu'elles inventent, en innovation, en emploi, en entreprises.

D'ailleurs, il me semble que la société française a aujourd'hui une position ambivalente vis-à-vis du progrès scientifique. D'un côté, il y a l'image positive du chercheur. Le chercheur est une personnalité qui est estimée et qui bénéficie d'un préjugé très favorable. Dans l'esprit des gens, il est désintéressé, il travaille au progrès de l'humanité. En même temps, dans une enquête récente, 61 % des Français ne se déclaraient « pas intéressés » par la science. Et l'on s'aperçoit de la montée d'une véritable défiance vis-à-vis de la recherche dans toute une série de domaines qui prêtent à controverse. La parole des chercheurs et l'utilité de la recherche elle-même peuvent alors être mises en doute. Cette évolution m'inquiète.

AXEL KAHN : Pour ma part, j'ai commencé à faire de la recherche en 1972. Dès 1983, je suis devenu le directeur d'un laboratoire de plus de cent personnes. En 2002, j'ai fondé l'Institut Cochin, qui comptait sept cents membres en 2008 quand je l'ai quitté. J'ai participé à différentes instances de direction de l'INSERM et du CNRS et j'ai présidé la Commission du génie biomoléculaire, chargé des biotechnologies végétales et des organismes génétiquement modifiés, de 1997 à 2008. J'ai été coprésident de la Commission du génie génétique, président de la Commission des sciences de la vie à Bruxelles, membre étranger du Fonds de la recherche scientifique en Belgique, le FNRS. J'ai déjà rappelé mes expériences dans le secteur industriel : directeur des sciences de la vie du groupe Rhône-Poulenc Corporate, consultant pour la biologie chez L'Oréal, président du conseil scientifique d'investissement en biotechnologie de la Société Générale Asset Management. Par conséquent, j'ai une vision des plus vastes et diversifiées, tant des mondes de la recherche académique et privée que de la réalité du monde industriel et des opérations de financement de jeunes pousses par le capital-risque. Pour faire bonne mesure, j'ai représenté la France lors des négociations avec les NIH américains (National Institutes of Health – Instituts nationaux de la santé –) à l'occasion de leur première offensive pour protéger par brevet des séquences brutes d'ADN, en 1991, et ai collaboré durant plusieurs décennies avec l'Office européen des brevets de Munich et de La Haye sur cette question de la propriété intellectuelle appliquée aux séquences génétiques.

Au sujet de l'évolution du sentiment vis-à-vis de la recherche, je crois, Madame la ministre, que vous avez touché du doigt ce qui peut apparaître comme un apparent paradoxe mais peut être appréhendé aussi comme reflétant une grande sagesse. Le mouvement de 2003-2004, conduit par Sauvons la recherche, a reçu un soutien très fort de l'opinion publique. La signification sociologique et politique de ce soutien mérite d'être analysée. Nous étions dans une situation où, comme vous l'avez rappelé, il existait une très grande suspicion quant à la qualité des desseins de la science en général. Les OGM étaient critiqués, on sortait de la crise du sang contaminé, le scandale de l'amiante restait dans la mémoire de chacun, les crises alimentaires (poulet à la dioxine, vache folle, etc.) se succédaient, on avait parlé des avions renifleurs...

VP : Le clonage...

AK : Oui, le clonage humain... L'atmosphère était à la suspicion vis-à-vis de la science, on pouvait même considérer que la société se laissait aller à une technophobie ambiante et généralisée. Dans ce contexte, les chercheurs demandaient essentiellement des postes pour les jeunes et des moyens pour faire de la recherche, c'est-à-dire pour se livrer à l'activité si critiquée aujourd'hui. À la même période, vous vous le rappelez sans doute, des mouvements revendicatifs des préposés aux postes, des professeurs, des fonctionnaires... n'avaient abouti à rien. Or, résultat stupéfiant, tous les sondages indiquaient que 80 à 85 % de la population soutenaient l'action des chercheurs. Un niveau d'adhésion tel qu'il a conduit certains à considérer que ce mouvement avait joué un rôle, certes marginal mais perceptible, dans les défaites de la droite à deux élections successives, les régionales et les européennes. Certains se demanderont s'il n'existe pas une incohérence à soutenir les chercheurs et à critiquer avec vigueur les recherches qu'ils mènent et les techniques qu'ils utilisent. En réalité, j'appréhende cela comme une réelle sagesse. Les citoyens, sans le conceptualiser, ressentent qu'il n'y a pas d'avenir sans recherche, qu'un pays ne pourra tenir sa place dans le concert des nations qu'à la condition de figurer parmi ceux qui jouent un rôle dans la création des connaissances et le développement des techniques. Cependant, la population s'est aussi convaincue que, pour autant, la science et la technologie, à elles seules, ne sont pas la garantie d'une amélioration générale de la situation. C'est-à-dire que le goût de la science et le soutien de la recherche vont, en Europe, de pair avec le refus de ce que j'appelle la naïveté de l'optimisme du progrès.

En bref, le message des citoyens était, et je crois qu'ils avaient raison, qu'il n'y a pas d'avenir où la recherche n'ait pas sa place mais que, pour autant, la science à elle seule n'est pas garante de la qualité de l'avenir, assurance d'un progrès des conditions d'épanouissement. Je trouve que ce discours en lui-même est juste. Notre époque et notre pays ne connaissent pas un véritable désamour de la science. Dans les sondages, parmi les métiers qui ont le plus de valeur, qui sont les plus sympathiques, on en trouve deux qui crèvent le plafond : chercheur et infirmière. Et les chercheurs arrivent un peu devant les infirmières. Vous vous rendez compte !

VP : Oui, mais ce ne sont pas les premiers métiers que l'on a envie d'exercer...

AK : Comment ?

VP : Ce sont les métiers pour lesquels l'on a le plus de sympathie.

AK : Oui, vous avez tout à fait raison. La désaffection pour les carrières scientifiques et la recherche est liée à plusieurs facteurs. Le premier est la perte du prestige extraordinaire du savant vu encore, au début du XXe siècle, comme le bienfaiteur de l'humanité. Les guerres technicisées, les armes atomiques, la pollution, les crises déjà citées comme celle de la vache folle ou du sang contaminé, sont passées par là. Ensuite, la contestation de la logique d'une technoscience insouciante de l'environnement et complice d'un capitalisme brutal n'a pas épargné la motivation des jeunes pour ce type de carrières. Enfin, et peut-être surtout, il est apparu évident que les métiers de la recherche ne constituent pas le meilleur moyen de connaître une réussite matérielle exceptionnelle en un temps ou cela est souvent présenté comme le seul but désirable de la vie. Il nous faut refonder le goût de la science et des carrières qui s'y consacrent sur des bases nouvelles. Je m'y emploie, comme vous. Selon moi, cela suppose un réalisme sans doute plus mobilisateur qu'une certaine naïveté de l'optimisme du progrès, à laquelle les gens sont de moins en moins sensibles.

VP : Oui, j'ai peut-être une touche d'idéalisme, mais je pense que les bons sentiments font aussi de la bonne politique. Et, en fait, je ne pense pas que ce soit naïf...

AK : Je me dis moraliste, comme vous le savez...

VP : Je sais, et c'est pour ça que je pense que les bons sentiments font aussi la bonne politique. Pour moi aussi, tout a commencé avec le mouvement des États généraux de la recherche en 2004. Je me souviens d'ailleurs de ce que vous me disiez, à l'époque, des choses très justes sur la nécessité du financement public pour la recherche fondamentale. Moi, je parlais de la gestion des carrières dans la recherche, à mes yeux très défaillante, en m'interrogeant sur les raisons pour lesquelles ce beau métier ne faisait plus suffisamment envie.

À ce moment-là, dans mon parti politique, assez peu de personnalités s'intéressaient à ces questions sur la recherche. Il y avait Jean-Michel Dubernard, lui-même professeur de médecine, Pierre Lasbordes, Claude Birraux. Et un certain nombre d'anciens chercheurs, mais au fond le sujet intéressait peu de ténors politiques.

Députée, élue sur un territoire exceptionnel en matière de recherche, le plateau de Saclay, j'ai fait partie des premiers à donner l'alerte quand les budgets de la recherche ont été réduits par le gouvernement Raffarin. J'ai saisi Claudie Haigneré du mécontentement des chercheurs. Bercy avait voulu récupérer la trésorerie des labos qu'il jugeait excessive...

Puis je me suis passionnée pour le sujet lorsque, au lendemain des États généraux de la recherche, a commencé, à l'Assemblée nationale, le débat sur le pacte pour la recherche dont Gilles de Robien et François Goulard ont été chargés.

C'était un moment d'effervescence intellectuelle extrêmement fort. En tant que gaulliste, j'étais persuadée qu'un grand pays, la cinquième puissance du monde, devait avoir une grande recherche.

AK : La période du gaullisme est une des plus glorieuses pour ce qui est de l'intensité et de la cohérence de l'effort de recherche dans le pays.

VP : Bien sûr... Il y a des pays, aujourd'hui, dont la stratégie est de mettre en avant et en valeur les figures de chercheurs. Tout récemment, à l'Élysée, où l'on élaborait notre plan national d'investissements d'avenir avec 22 milliards d'euros consacrés, dès 2011, à l'université et à la recherche, j'ai défendu cette position. Je pense qu'il faut saisir cette occasion exceptionnelle pour montrer des chercheurs en action. À quoi ressemble, aujourd'hui, la vie d'un laboratoire, la vie d'un chercheur ? Qui sont les grands chercheurs français ? Si on demande à un Français de citer le nom d'un grand chercheur, je suis sûre qu'il n'arrive à en trouver que quatre ou cinq. Et très peu en activité... Or nous avons des figures de proue mondiales. Quand les États-Unis sortent un film comme *Avatar*, les héros sont des chercheurs. Ce sont des généticiens, mais aussi des climatologues et des spécialistes de la biodiversité. Le héros est souvent professeur d'université ou chercheur dans le cinéma américain. Indiana Jones est professeur d'archéologie. Et je pense que cela exprime une forme de fierté, mais que cela relève également d'une stratégie délibérée. Les États-Unis veulent attirer sur leur sol tous ceux qui veulent faire de la recherche dans le monde. Ils en font donc des héros américains. Pourquoi tant de leurs films ou de leurs séries se déroulent dans des universités ? Parce qu'ils ont de beaux campus et qu'ils les montrent ainsi au monde entier. Du coup, les étudiants ont envie d'aller faire leurs études aux États-Unis. Les médias et l'industrie culturelle américaine encouragent le *brain drain*, le pillage des cerveaux... Chez nous, c'est beaucoup plus rare. On compte sur les doigts de la main les films qui s'inspirent de l'université ou qui mettent en scène des chercheurs.

AK : Là où le désamour de la science est le plus manifeste, c'est en Europe. Il n'a cependant pas épargné l'Amérique du Nord, le Canada en particulier. Je me rappelle un cours de biologie moléculaire devant des étudiants en médecine de Sherbrooke, au Québec, au début du génie génétique. Les questions qui m'étaient posées étaient du type : « Mais en quoi cela va-t-il aider à résoudre les problèmes des familles ? » La contestation de la légitimité, en soi, du questionnement scientifique est en réalité, hélas, fort répandue dans les populations.

Crise de confiance et idée de progrès

VP : Le paradoxe de cette crise de confiance des Français vis-à-vis du progrès, c'est que la France s'est construite sur les Lumières, sur la philosophie, sur l'intelligence, sur ses grands savants, ses grands intellectuels. Mais, aujourd'hui, on constate le sentiment d'une forme de déclassement des clercs. Et je pense vraiment que cette perte de confiance dans le génie français, dans la force de rayonnement de la culture française, peut être la cause d'une « déprime nationale ».

Quand on se rend fréquemment dans les pays émergents – Chine, Inde, Asie du Sud-Est ou Amérique du Sud – on est frappé par l'optimisme et l'énergie que dégagent ces nations, malgré les inégalités qui les caractérisent et la pauvreté d'une grande partie de leur population. C'est qu'elles ont le sentiment que leur avenir sera meilleur pour leurs enfants. Ce n'est plus le cas en France... À tort ! La science est source d'avancées spectaculaires encore aujourd'hui : de l'énergie solaire jusqu'aux rétines artificielles qui réussiront peut-être à rendre la vue aux aveugles... Pourquoi les Français n'y croient-ils plus ? D'une certaine manière, cela fragilise notre consensus national. Car la France aussi s'est fondée sur l'idée de progrès, de progrès humain. C'est ce qui lui donne sa vocation universelle.

AK : L'Europe a plus vécu dans sa chair, à cause des guerres mondiales, les conséquences néfastes de la technique. Il n'y a pas eu de problèmes équivalents aux États-Unis...

VP : Il y a quand même eu l'accident nucléaire de Three Mile Island, en 1979. Là aussi, il y a eu un traumatisme...

AK : Ce n'était pas un accident gravissime.

VP : Cela a miné la confiance dans le nucléaire aux États-Unis et cela pose encore des problèmes au gouvernement américain.

AK : Certes, mais vous ne pouvez pas comparer de tels problèmes avec le sentiment de peuples qui ont vécu sur leurs territoires deux guerres mondiales ou le meilleur de la science et de la technique avait pour but de détruire ou de tuer. Je vous rappelle, en 1915, la première utilisation des gaz de combat. Fritz Haber, Prix Nobel, invente la méthode permettant de fixer l'azote de l'air et de le transformer en engrais, mais aussi l'usage des gaz de combat et de mort, du chlore au zyklon B.

VP : Oui, mais on ne peut, à l'évidence pas, tout ramener aux séquelles des deux guerres mondiales. Ce n'est pas chez nous que les bombes nucléaires ont explosé. C'est au Japon. Or, pourtant, les Japonais ont gardé une confiance collective très forte en la science qui, je l'espère, survivra à la terrible épreuve qu'ils traversent.

AK : Cela n'est sûrement pas vrai en ce qui concerne le nucléaire et l'armement. Un autre aspect du problème réside en ce que le modèle de la réussite a cessé d'être l'épanouissement intellectuel et la qualité des œuvres scientifiques ou artistiques des créateurs, pour devenir, avant tout, l'aptitude à gagner beaucoup d'argent. On revient ainsi à la place de l'argent déjà évoquée plusieurs fois. Celui qui est mis en avant, c'est, par exemple, un grand humoriste d'une vulgarité infinie mais qui, néanmoins, on le sait, gagne des sommes considérables... Ou le grand sportif et le grand chanteur, qui vivent en Suisse, Belgique ou Monaco pour échapper au fisc. Ne parlons pas du capitaine d'industrie, du financier dont la fortune est aujourd'hui presque assurée par l'État. C'est ce qui est présenté à notre société comme le modèle à suivre.

VP : Cela revient à la question que nous avons déjà abordée de manière un peu polémique : combien doit gagner un scientifique dans la société française ? Vous savez quelle est la réalité. Au fond, il y a deux sortes de chercheurs. Le chercheur fondamental, qui fait progresser nos connaissances : à celui-là, il faut donner des conditions matérielles de vie qui fassent qu'il n'ait pas d'autres soucis que de faire sa recherche. Et puis il y a un second modèle, qui n'existe que peu en France et qui doit aussi pouvoir trouver sa place : celui du chercheur-entrepreneur qui se dit : « Si je fais des recherches et que je trouve quelque chose, je vais pouvoir monter mon entreprise et, pourquoi pas ? faire fortune. » Voire, plus audacieux encore, l'étudiant-entrepreneur qui monte son entreprise à l'université. C'est le cas de Bill Gates, de William Hewlett et de David Packard, et de bien d'autres... Il n'y a pas de raison pour que Bill Gates soit respecté sur toute la planète sauf en France.

Recherche, création d'entreprises, brevets...

VP : Nous avons donc une figure un peu différente à faire émerger. Et, d'une certaine manière, elle est en train de naître avec le Conseil européen de la recherche (ERC) qui a décidé de subventionner un chercheur pour un à cinq millions d'euros sur cinq ans. Il a fait deux appels à projet, l'un pour des scientifiques confirmés, l'autre pour de jeunes chercheurs, qui, en dehors de toute hiérarchie, de leurs administrations respectives, peuvent ainsi recevoir un million d'euros à l'âge où ils sont les plus créatifs.

AK : D'abord, c'est évident, ce n'est pas quelqu'un qui a autant travaillé dans la recherche, dirigé des laboratoires et instituts, que moi qui niera qu'il y ait besoin d'argent pour faire de la recherche. Le polytechnicien qui sort de l'École a le choix entre différentes carrières dont certaines sont très rémunératrices. D'autres engagements procèdent de desseins différents. Certains élèves de grandes écoles, en particulier de Polytechnique, font le choix de la recherche parce que choisir eux-mêmes les questions auxquelles ils s'efforceront de répondre les passionne. Ils y voient une occasion de s'épanouir dans la liberté, de donner libre cours à leur créativité. Avec l'art, la recherche est certainement l'une des professions où l'on peut s'épanouir et avoir une vie belle dont l'opulence n'est, en effet, pas la finalité.

Cela étant dit, à un moment donné, notre chercheur issu d'une grande école, parfois d'emblée, peut être tenté de créer une entreprise. Un autre beau projet dans lequel il va s'investir avec la même passion. La caractéristique d'une bonne entreprise liée à la recherche est de partir d'un résultat original et d'avoir une idée ambitieuse et réaliste et, grâce à cela d'être capable de « lever » de l'argent privé et public, de développer l'affaire et de créer de la valeur grâce à un retour sur investissement qui sanctionnera la qualité et la conduite du projet.

VP : Elle ne drainera pas beaucoup d'argent si elle ne peut pas créer de la valeur d'abord...

AK : Vous savez, la plupart des *start-up* sont loin de créer de la valeur d'abord...

VP : Il faut créer des produits ou des services.

AK : À partir du moment où leur idée est de qualité et qu'on les aide à démarrer, elles peuvent fonder leur modèle de business sur le savoir-faire et le service, ou sur la robustesse d'une propriété intellectuelle stratégique. Pas de problème pour moi. Cela pour affirmer que je suis favorable à tout ce qui va aider la création d'entreprise. Pour cela, il faut bien entendu faciliter le passage de la recherche à l'initiative privée...

VP : Aujourd'hui, c'est un parcours du combattant absolu !

AK : Oui, il est possible de s'épanouir dans la création d'entreprise. En France, les systèmes sont, depuis maintenant quelques décennies, assez favorables. Un chercheur qui fait une découverte et la protège par un brevet touche aujourd'hui tout de même 25 % des revenus induits. Ce qui est loin d'être le cas dans le privé, comme vous le savez...

VP : Oui, bien sûr, on a un système favorable si l'université valorise le brevet, si le CNRS le valorise aussi...

AK : Bien entendu. Il faut que l'université développe la propriété intellectuelle, sensibilise à la prise de brevet, à la création d'entreprise. Dans mon université, nous avons l'un des plus gros incubateurs de Paris *intra-muros* en biologie-santé, Paris BioTech, plus la pépinière d'entreprises Paris Santé-Cochin. Je suis à l'aise, pour ainsi dire dans mon élément, avec tout ce qui concerne la valorisation économique, les brevets, la création d'entreprise. Mon université s'efforce de diffuser cette culture, en particulier à tous ses doctorants. Par conséquent, loin de moi l'idée de dissuader un chercheur ou un enseignant-chercheur de s'épanouir par ce moyen et de s'efforcer, s'il le peut, de s'enrichir; je l'y encourage. Pour revenir à l'ERC, les moyens financiers qu'il apporte à ses lauréats sont en effet considérables : de l'ordre de un à deux millions d'euros sur cinq ans à de jeunes équipes, de quoi faire la différence. Tous les ans, l'université Paris-Descartes se réjouit sans limites de compter en son sein des lauréats, elle les fête. Cela dit, ils ne profitent pas personnellement de cette manne. Ils l'utilisent pour fonder leur laboratoire, pour accueillir des doctorants, des techniciens et ingénieurs indispensables, en particulier, à l'utilisation des grosses machines que la science moderne exige aujourd'hui.

VP : Quand j'ai dit aux directeurs d'organisme ou d'université que l'on pourrait peut-être donner une prime aux lauréats, parce qu'ils ont ramené un million d'euros à leur organisme, on m'a d'abord répondu que c'était illégal. Cela m'a mise hors de moi. Ces personnes reviennent dans leur laboratoire en France avec un million d'euros alors qu'ils peuvent l'emporter où ils veulent dans n'importe quel pays de l'Union européenne. Imaginez ! En Grande-Bretagne et en Allemagne, on leur ouvre des portes, on leur donne des primes. Eh bien, en France, on nous disait non, on ne peut pas leur donner de prime !

Une fusée à quatre étages

AK : La recherche fonctionne un peu comme une fusée à quatre étages. On doit distinguer la recherche non finalisée, la recherche finalisée à risque, la recherche finalisée proche d'aboutir et la recherche et développement. Aujourd'hui, du fait de risques financiers, de l'appétence des actionnaires et des phénomènes de Bourse, l'industrie se focalise sur la recherche finalisée proche d'aboutir et sur la recherche et développement. Cependant, tout le monde sait que ce type de recherche dépend de la vigueur, en amont, de travaux plus fondamentaux, du moins plus éloignés de leur finalité ultime. Aux États-Unis, chacun de ces étages fait l'objet d'un soin extrême. L'exemple souvent rappelé pour montrer combien une recherche au départ fondamentale peut aboutir à un appareil d'utilisation courant et à une immense création de valeur économique, c'est le GPS dont le fonctionnement dépend de la théorie de la relativité d'Einstein. Comment cela se passe-t-il aux États-Unis ? D'une part, il y a l'argent du contribuable, le *tax payer*, qui est orienté vers la recherche fondamentale dont le financement public est, en pourcentage, supérieur à ce qu'il est dans notre pays. Puis les grandes entreprises passent des contrats de recherche appliquée avec les universités qui utilisent une partie de cet argent pour financer leur recherche fondamentale. Ce système vertueux engendre de grands centres remarquables en recherche fondamentale qui utilisent une partie de leur savoir-faire au profit des entreprises. Celles-ci bénéficient à la fois de l'apport des « découvertes de rupture » des laboratoires, et de leur contribution au développement de leurs programmes. Les entreprises se regroupent à proximité des universités au dynamisme desquelles elles contribuent en tant que contribuables, et clients. La recherche et développement est donc essentielle. Il faut que l'État s'en mêle, telle est la finalité des grands programmes technologiques. Mais ce n'est là qu'une partie de sa tâche, les quatre étages de notre fusée doivent être choyés...

VP : Mais l'Allemagne et le Royaume-Uni procèdent exactement de la même façon...

AK : La France connaît, c'est vrai, un décalage anormal, inacceptable, entre la qualité de sa recherche et la faiblesse de l'utilisation de ses innovations pour irriguer l'activité économique. Une idée très souvent mise en avant consiste à focaliser l'aide sur la recherche la plus en aval, c'est-à-dire industrielle, en se disant que c'est là le moyen d'inciter les entreprises à financer elles-mêmes la recherche la plus amont. Les grands groupes ne doutent, en effet, pas du tout de ce que la qualité de la recherche non finalisée conditionne l'ensemencement à terme de leur recherche et développement. Mais cela a cessé de les pousser à investir pour autant dans la recherche fondamentale.

À la fin de la période où j'en copilotais les sciences du vivant, si Rhône-Poulenc avait annoncé à ses actionnaires qu'elle lançait une recherche à risque en investissant, disons, un milliard de dollars sur le paludisme, dans la semaine suivante son action aurait perdu 10 % de sa valeur. Cela est dû à la financiarisation de la logique entrepreneuriale. L'actionnaire, le fonds de pension, par exemple, n'a que faire des promesses différées d'un projet industriel. Il exige que l'entreprise « crée de la valeur » annoncée trimestre après trimestre et distribuée sous forme d'accroissement du cours de l'action et de dividendes. C'est pourquoi un investissement de rentabilité incertaine aurait déplu aux actionnaires de Rhône-Poulenc. La société elle-même s'en serait trouvée en difficulté. Ainsi, à l'exception de l'informatique, où le passage de la découverte à l'innovation et à la commercialisation est rapide, les entreprises ne peuvent plus financer elles-mêmes la recherche la plus fondamentale dont les ressources dépendent donc essentiellement de l'État. Et si l'État n'accorde pas le soin nécessaire à la recherche non finalisée, c'est, à un terme plus ou moins rapide, le champ de l'innovation industrielle qui risque d'être stérilisé et asséché.

VP : Je suis d'accord avec vous. Mais, dans cette situation, la recherche fondamentale doit être étroitement évaluée. L'État est le seul acteur qui peut financer une recherche fondamentale ou une recherche à haut risque. Or les budgets publics ne sont pas illimités. Il faut faire des choix. D'où la nécessité d'une bonne évaluation par les pairs, qui oriente les choix.

AK : La recherche doit être évaluée, il n'y a pas de problème, je suis d'accord.

VP : L'État soutient un projet absolument extraordinaire comme ITER (International Thermonuclear Experimental Reactor), qui doit nous permettre de découvrir la fusion thermonucléaire, la source d'énergie du futur. Si l'on y consacre des milliards d'euros, c'est bien que l'on croit encore qu'il y a de la recherche fondamentale dont on ne sait pas si elle va aboutir...

AK : ITER, c'est de la recherche finalisée à risque, pas de la recherche en connaissance... L'amélioration du pot catalytique, c'est de la recherche et développement, comme l'amélioration de la galénique d'un traitement pour le sida.

VP : Cette idée que les deniers publics doivent financer les recherches les plus risquées, je la partage. Et c'est ce que nous faisons à travers les «projets blancs» de l'Agence nationale de recherche, des projets qui permettent à la créativité des chercheurs de s'exprimer. J'ai tenu à leur donner une plus grande place, en passant les financements correspondants de 25 % à 50 % du budget de l'Agence. Le soutien à la recherche fondamentale est une priorité absolue, parce qu'on n'invente pas l'électricité en modernisant la bougie. Les principales ruptures scientifiques sont imprévisibles...

Cela ne dispense pas de développer une vraie recherche privée dans notre pays. Nous sommes en retard, terriblement en retard, sur les objectifs européens de Lisbonne : consacrer 3 % de la richesse nationale à la recherche et développement. L'Allemagne nous tient la dragée haute dans ce domaine de l'innovation. C'est pour cela que ses PME sont si compétitives.

Qu'avons-nous fait pour modifier cette situation ? D'abord, on a doté la France d'un outil extrêmement puissant qui s'appelle le crédit impôt recherche (CIR). Nous en avons triplé le montant.

AK : Je critique, vous le savez, certains des aspects du crédit d'impôt recherche...

VP : Mais oui, il est très critiqué parce qu'il est très puissant. Nous l'avons triplé et même quintuplé pour les PME la première année et sextuplé pour la recherche partenariale qui est réalisée par un laboratoire public et une entreprise privée. Nous avons dit aux entreprises : « Si vous investissez dix euros dans la recherche en lien avec un laboratoire public, vous aurez six euros de crédit d'impôt. » C'est du jamais vu ! Quel est l'objectif ? C'est de ramener les entreprises vers un vrai partenariat avec les laboratoires publics. C'est de stimuler la valorisation.

J'ai un exemple à vous citer, celui de la spintronique,

qui a décuplé les capacités de tous les disques durs. C'est un Français, Albert Fert, et un Allemand Peter Grünberg, qui ont obtenu le prix Nobel dans ce domaine. Ils ont fait cette découverte à peu près au même moment. Mais ce sont les Allemands qui ont déposé le brevet les premiers. Du côté français, on a un peu tardé à engager les démarches... Quand on connaît toutes les applications de la spintronique dans les appareils électroniques, on mesure mieux l'enjeu que représentent les brevets et on comprend qu'un léger retard, finalement très administratif, peut déboucher sur une vraie perte de richesse nationale...

La question du brevet est donc une question cruciale. Nous avons fait un bond en avant dans ce domaine : plus 35 % de dépôts de brevets publics en 2009 ! Nous voulons que les entreprises s'investissent plus en amont. Ainsi, les grandes sociétés pharmaceutiques ont signé un accord pour doubler leur recherche partenariale en France. Microsoft vient d'investir dans un nouveau partenariat avec l'INRIA (Institut national de recherche en informatique et en automobile). Yahoo ! s'installe dans notre pays, IBM et Google arrivent eux aussi... Cinquante et un projets d'investissements étrangers en recherche en 2009, c'est du jamais vu et c'est le crédit d'impôt recherche qui fait de la France l'environnement fiscal le plus attractif au monde.

Mais l'objectif est aussi de conserver nos centres de recherche en France. En 2007, il y avait un risque majeur de délocalisation de la recherche française en Asie ou aux États-Unis à cause du taux de change favorable et du coût du travail inférieur. Ce mouvement a été enrayé grâce au CIR. Enfin, nous avons un problème de sensibilisation de nos entreprises à l'importance de l'investissement en recherche. Ce phénomène est lié au fait que nos dirigeants d'entreprise ne sont pas docteurs d'université. Le chef d'entreprise allemand, lui, est docteur. Et il fonctionne avec la logique : « J'innove, donc je suis. » Le chef d'entreprise français, lui, est ingénieur. Ou alors il est commercial ou financier. Il n'a pas été formé à la recherche ni par la recherche...

Il faut donc absolument réaliser un rapprochement entre les entreprises et l'université. Nous avons aussi sextuplé le crédit impôt recherche pour favoriser le recrutement des jeunes docteurs. Le doctorat est encore trop mal connu par les entreprises. Il peut même être considéré comme un point faible dans un entretien d'embauche. C'est un comble. Sous-entendu : c'est un éternel étudiant. À la demande de la Confédération des jeunes chercheurs, j'ai créé le « contrat doctoral » pour changer radicalement le statut – et donc l'image – du docteur. Auparavant, il était allocataire de bourses. Il devient un agent de la fonction publique. Le doctorat n'est donc plus seulement un diplôme – le plus élevé de l'université française – c'est désormais une expérience professionnelle à part entière. Le docteur peut ainsi aller voir un recruteur dans une entreprise en disant : « J'ai été salarié du laboratoire de mon université pendant trois ans, soit trois ans d'expérience professionnelle. »

Parcours du combattant pour le chercheur-entrepreneur

VP : Nous avons également constaté que, pour un chercheur, quitter son laboratoire ou monter son entreprise était un parcours du combattant absolu. Il y avait des montagnes de problèmes, administratifs, qui, en s'accumulant, finissaient par devenir dissuasifs. Nous avons travaillé sur ces questions. Désormais, toutes les possibilités sont ouvertes aux chercheurs publics, être consultants, partir, revenir, créer leur entreprise...

Grâce aux fonds d'amorçage et aux incubateurs de bon niveau, nous avons néanmoins de belles *start-up*. Supersonic Imagine, une entreprise d'imagerie médicale d'une qualité exceptionnelle, créée par Mathias Fink, est un cas d'école. Je pense aussi à la société Carmat du professeur Alain Carpentier, qui est train de développer un cœur entièrement artificiel. Mais il nous manque, là encore, des mécanismes pour aider l'entreprise à grandir. Nous n'avons pas de réglementation équivalente au Small Business Act américain qui oblige à affecter une quote-part des marchés publics à des PME. Chez nous, c'est interdit par la législation européenne de la concurrence car cela revient à favoriser des PME par rapport aux grands groupes. C'est un contre-sens absolu. Le patriotisme économique commence avec les PME innovantes.

Pour aider Supersonic Imagine, nous avons, je l'ai dit, utilisé le fonds stratégique d'investissement. Il s'agit d'un fonds souverain français qui soutient les entreprises à fort potentiel industriel et stratégique. Il a, entre autres, permis de financer la filière de la batterie électrique française, à Flins, chez Renault. En effet, nous n'avions pas de filière de batteries électriques. La France est le premier pays au monde en matière de recherche fondamentale et appliquée dans ce domaine. Et qui développe les brevets à partir de ces recherches ? La Corée du Sud, le Japon et la Chine. Or la batterie électrique est essentielle pour un véhicule du futur qui n'utilisera plus les énergies fossiles, mais aussi pour le développement des nouvelles énergies, le solaire et l'éolien, car elle permet le stockage de l'énergie quand il n'y a plus ni soleil ni vent... Vous comprenez pourquoi j'ai tenu à ce que le professeur Tarascon, qui fait partie des meilleurs spécialistes du domaine, puisse rester en France. On lui faisait un pont d'or aux États-Unis. Heureusement, grâce au programme d'investissements d'avenir voulu par le président de la République, nous allons pouvoir mettre beaucoup d'argent dans des projets de laboratoires d'excellence et d'instituts de recherche technologique, dès lors que la recherche sera de classe mondiale. C'est ce qui a convaincu Jean-Marie Tarascon de rester. Nous allons consacrer des financements d'un montant inédit aux projets les plus audacieux...

AK : ... selon une évaluation objective par les pairs, du type de celle au cœur des missions de l'AERES ?

VP : Pour les investissements d'avenir, les projets seront évalués par des jurys internationaux, qui devront non seulement apprécier l'excellence passée des équipes qui portent les projets, mais aussi, et surtout, apprécier son potentiel. C'est vers le futur que nous sommes tournés.

Notre stratégie nationale de recherche et d'innovation a été construite à partir des défis sociaux et des domaines scientifiques qui sont des priorités de recherche pour demain : les sciences et les technologies de la communication et de l'information, par exemple, qui vont de révolution en révolution. Ou bien encore l'énergie et l'environnement, qui sont au cœur de nos préoccupations, puisqu'il nous faut, par responsabilité et par pragmatisme, préparer l'après-pétrole ! Mais aussi la santé, l'alimentation et le bien-être : nous devons vaincre les fléaux d'aujourd'hui – le cancer ou les maladies infectieuses – et nous armer pour en affronter de nouveaux : toutes les pathologies liées au vieillissement, et notamment les maladies neurodégénératives, comme la maladie d'Alzheimer, ou bien encore l'obésité et le diabète...

Nous sommes déjà bien engagés dans ces domaines. Nous voulons devenir encore meilleurs. Nous avons pris du retard en matière de biotechnologies. Au début des années 1990, nous étions leader en matière de séquençage du génome. Mais aujourd'hui le Génoscope d'Évry a des capacités de calcul dix à trente fois moindre que celle du centre Sanger, situé près de Cambridge, ou de l'université de Shanghai. C'est la raison pour laquelle la recherche biomédicale est devenue une priorité absolue depuis 2007. Le président de la République s'est personnellement engagé sur ce sujet et les progrès sont visibles.

Dans tous ces domaines d'avenir, nous devons investir de nouveaux moyens, certes, mais aussi éviter les doublons. D'où les alliances thématiques que nous avons créées pour rassembler les grands organismes et les universités par grands champs de recherche : énergie, environnement, technologies de l'information, santé, sciences humaines... Le message que nous leur adressons est simple : « Parlez-vous, travaillez ensemble, créez des équipes communes, plutôt que de faire la même chose au même moment. » L'émulation entre plusieurs laboratoires est parfois nécessaire. Mais des efforts coordonnés sont souvent plus efficaces.

Dans un système très éclaté, nous devons retrouver plus de cohérence et, grâce à elle, plus d'efficacité. L'Agence nationale de la recherche finance des projets, l'AERES évalue, les alliances de recherche coordonnent les travaux autour des priorités de recherche, les organismes se réorganisent pour que leurs chercheurs puissent travailler dans de meilleures conditions, des sociétés d'accélération de transfert de technologie sont créées pour valoriser les fruits de la recherche...

Tout cela doit être intégré dans un même projet. Il s'agit vraiment de changer le visage de la recherche française et de faire des choix. Il faut avoir le courage de dire : « Nous avons décidé de chercher dans tel domaine et, dans tel autre, nous n'avons pas les bonnes équipes ou les bons projets. » L'évaluation n'est pas forcément une sanction. Là, je rejoins ce que vous disiez car, si l'évaluation est perçue comme une sanction, elle est mal vécue. Il faut que l'évaluation soit une source d'évolution constructive et de progrès.

AK : Ah non ! Je n'ai pas dit que l'évaluation ne devait pas être vécue comme une sanction. Sur ce point, je suis devenu des plus prosaïques. Un chercheur, surtout dans le domaine de la recherche fondamentale, s'engage dans une activité professionnelle que je juge passionnante, qui n'est certes pas très bien rémunérée mais qui comporte des avantages peu discutables. Cette activité, il la conduit avec les crédits que, pour l'essentiel, la nation lui alloue. Il se doit par conséquent de rendre compte à la nation de l'usage qu'il fait de ces moyens. S'il s'avère, au terme de l'évaluation, que la qualité ou l'intensité de sa recherche n'est pas jugée suffisante, il faut savoir mettre un terme à cette insuffisance, sans inhumanité mais sans complaisance. Les pistes possibles sont nombreuses. En revanche, assurer une promotion accélérée des plus talentueux est légitime. Comment pourrait-on se dire républicain et citoyen engagé sans demander que l'utilisation des fonds alloués par la nation fasse l'objet d'une évaluation ?

Évaluer le crédit impôt recherche

AK : Mais je voudrais revenir sur la question de la recherche privée sur laquelle vous voulez mettre l'accent principal, Madame la ministre, car le problème se situe à ce niveau. Certes, il y a nécessité, je l'ai dit, de programme technologique, et de moyens permettant de favoriser la recherche privée...

VP : ... et partenariale.

AK : Cela ne permettra pas, en soi, d'assurer l'avenir de la recherche finalisée à risque et de la recherche fondamentale...

VP : ... oui, c'est vrai...

AK : ... mais constitue aussi une incontestable mission de l'État. Je vous ai laissée tout à l'heure, et c'est normal, développer votre propos concernant le crédit impôt recherche. Vous vous êtes grandement félicitée de ses résultats. Je ne suis pas sûr que je puisse m'en féliciter autant que vous. Non pas que le principe du crédit impôt recherche me pose problème. Cependant, alors même que nous venons de rappeler, vous et moi, l'importance de l'évaluation, je conteste que l'évaluation des résultats du crédit impôt recherche, des niveaux de réalisation de ses objectifs – c'est-à-dire stimuler la recherche et l'innovation – soit réalisée. C'est le seul processus, le seul dispositif, fort onéreux de surcroît, qui ne bénéficie pas d'une évaluation digne de ce nom et de ce fait...

VP : Président, puisque vous abordez le sujet, permettez-moi de vous répondre... Le triplement du crédit impôt recherche date du 1er janvier 2008. Autrement dit, nous ne pouvons apprécier son effet que sur deux années à peine. Et le dispositif a déjà fait l'objet d'une évaluation de l'Inspection générale des finances, d'une autre de la Cour des comptes et de deux missions d'expertise parlementaire. Quatre évaluations !

AK : Je vous rappelle, Madame la ministre, qu'il s'agit de recherche...

VP : Oui, justement, c'est aberrant d'évaluer ses résultats alors que l'on vient tout juste d'avoir les chiffres de la deuxième année.

AK : Limiter l'évaluation d'un dispositif dont le but est de créer de l'innovation à ses aspects administratif et financier, c'est tout de même une démarche singulière. Je vous demande de mettre en place un système d'évaluation de la qualité, de la quantité d'innovations créées par le crédit impôt recherche. Il s'agit en effet de vérifier qu'il n'a pas été détourné par les holdings, qu'il n'a pas été utilisé comme un effet d'aubaine pour financer des actions qui auraient de toute façon été menées.

VP : Mais je vais vous le dire.

AK : Je serais ravi que ce fût le cas mais j'en demande la preuve. Je vous conjure de mettre en place une évaluation authentique de l'efficacité du crédit impôt recherche.

VP : Il a été évalué autant que peut l'être un dispositif qui n'a que deux ans ! Il s'agit aussi de convaincre des entreprises, en pleine période de crise économique, de prendre des décisions d'investissement sur cinq ou dix ans. Générer de l'innovation, cela ne se fait pas du jour au lendemain...

AK : On va évaluer ?

VP : Écoutez, j'ai lu des choses radicalement fausses sur le crédit impôt recherche avant la réforme. Le crédit impôt recherche était un outil terriblement technocratique et compliqué. Il offrait seulement 10 % de crédit d'impôt. Avec un taux aussi bas, il fallait vraiment beaucoup dépenser pour que le dispositif soit attractif. De plus, il fallait justifier d'un accroissement année après année de votre effort en recherche. Si vous baissiez, ne fût-ce qu'une année, le montant d'investissement par rapport à l'année précédente, vous n'aviez plus droit au crédit d'impôt... Enfin, vous étiez quasiment certain, dans les trois ou quatre ans, d'avoir un contrôle fiscal pour vérifier si toutes vos dépenses étaient justifiées. Le système était incroyablement tatillon : quand j'ai pris mes fonctions, la CGPME (Confédération générale des PME) m'a dit qu'elle conseillait aux PME de ne pas le demander !

AK : Vous parlez plus que moi, Madame la ministre...

VP : Oui, c'est vrai. Sauf que vous avez attaqué sur ce point et que moi je ne vous ai pas attaqué...

AK : Mais attaquez-moi aussi...

VP : Le sujet, ce sont les allégations totalement erronées que l'on a pu entendre sur le crédit impôt recherche et, notamment, qu'il aurait été « capté » abusivement par le secteur bancaire. En réalité, ce sont seulement 2,3 % du montant total du CIR qui reviennent aux banques et assurances. En fait, les critiques avaient confondu le secteur bancaire avec les entreprises industrielles qui consolident leur bénéfice au niveau d'une holding. Le mot « holding » a été à l'origine d'un malentendu total. Renault, Saint-Gobain ou EADS sont des holdings. Je m'arrête là. Mais le crédit impôt recherche est un outil très puissant.

AK : Donc...

VP : Il y a peut-être un petit effet d'aubaine, il y en a toujours, mais...

AK : (*Rires.*)

VP : ... mais c'est une arme antidélocalisation. Demandez à Rhodia, Lafarge, Thales... Et c'est là où l'on implante aujourd'hui les centres de recherche que l'on construira demain des usines...

AK : Nous sommes convenus, vous et moi, à l'occasion de ce livre, de mettre au point une évaluation lorsqu'on aura le recul nécessaire. Ce pourrait être réalisé sous l'égide de l'Académie des sciences ou, mieux, de l'Académie des sciences et des technologies. Cela vaut la peine de tenter de déterminer la quantité et la qualité de l'innovation engendrée par ce dispositif fiscal, son « rendement », c'est-à-dire son efficience, faire la part entre l'effet d'aubaine et l'effet de levier. Il s'agit tout de même de sommes très importantes !

VP : Il faudra le faire secteur par secteur, car les effets varient selon les types d'entreprise.

AK : Oui, vous avez raison, mais je n'entre pas dans le détail. Je crois être objectif et, comme vous le savez, je n'ai aucune ligne à défendre. Il m'apparaît qu'un des dispositifs très favorables du crédit impôt recherche est la recherche partenariale. Il faudrait la développer plus activement avec les universités ou les laboratoires de recherche rattachés aux grands organismes... Peu importe, la recherche académique en règle générale. Le dispositif devrait faciliter, en particulier, l'emploi des docteurs, enjeu essentiel noté par tous deux.

VP : Il a permis de doubler le nombre d'entreprises qui recrutent des docteurs !

AK : C'est vrai, cela est prévu dans le dispositif. Les dernières statistiques qui concernent l'embauche des docteurs par les sociétés privées montrent quelques signes encourageants, mais pas encore un réel engouement. Je pense que l'on aurait pu se servir de cet effet de levier de manière encore plus radicale, par exemple en fixant un pourcentage minimal de ce crédit impôt recherche à utiliser dans la recherche partenariale, et pour recruter des docteurs, au moins pour les entreprises d'une taille suffisante (par exemple, plus de cinq cents salariés). Cela eût été – et reste – possible, il suffit de l'imposer.

Les faucheurs d'OGM

VP : En septembre 2010, j'ai été choquée par le fauchage des OGM de Colmar. Pourquoi particulièrement par ce fauchage-là ? Eh bien, je peux comprendre l'opposition de certains à la production d'OGM en France à partir de brevets américains : des semences que l'on connaît mal et qui font l'objet de certaines réserves scientifiques. Je comprends aussi que l'on ne veuille pas que l'on en cultive en plein champ près de chez soi. Mais je n'arrive pas à comprendre que l'on refuse la recherche. Sur quelque sujet que ce soit. Sauf lorsqu'il existe des barrières éthiques infranchissables comme la recherche sur le clonage humain qui est d'ailleurs interdite. Mais, lorsqu'il y a une législation appropriée qui intègre le principe de précaution, je ne peux pas comprendre la défiance vis-à-vis des chercheurs.

Prenez l'expérimentation sur des vignes à Colmar, qui a été saccagée par deux fois par une poignée de militants qui, à les entendre, agissaient pour le bien de tous. Mais personne, ou presque, refusait l'expérimentation de Colmar. Bien au contraire, elle était exemplaire parce qu'elle suivait une démarche que je voudrais voir adoptée partout : elle associait étroitement la société au projet en faisant débattre les viticulteurs, bio ou non, les habitants, les associations de défense de l'environnement et les élus avec les chercheurs, pour que ces derniers puissent expliquer leur projet de recherche, sa méthode et ses enjeux, présenter les mesures de précaution qu'ils avaient prises et les améliorer grâce au débat. C'était un projet absolument sûr, qui utilisait un cépage non cultivé en Alsace, des bâches avaient été installées sous les racines, la transparence et la concertation étaient permanentes.

En réalité, je pense que les OGM sont devenus une sorte d'abcès de fixation, autour duquel se concentrent les attaques contre la science. Nous ne sommes plus dans le rationnel, mais dans l'idéologie pure et simple. D'un point de vue rationnel, « les » OGM n'existent pas, c'est un non-sens : chaque plante doit être analysée comme un objet de recherche différent, à l'instar des médicaments. Sinon, on débat dans le vide, on joue seulement sur les peurs.

Nous avons un devoir de recherche en matière d'OGM, c'est une question d'indépendance nationale, presque de souveraineté, car nous importons des OGM, nous en consommons et nous devons connaître leurs effets. Sans recherche sur les OGM, nous ne saurons pas ce que nous importons, ce que nous mangeons... Et nous nous privons aussi de progrès possibles en matière agricole et alimentaire, alors même que certaines parties du globe connaissent encore la famine.

AK : Si je me réincarnais, je pense que je me spécialiserais en biologie végétale, cette discipline me passionne. J'ai dirigé la Commission du génie biomoléculaire de 1987 à 1997, avant d'en démissionner avec fracas. À l'époque, la France faisait plus d'essais sur les plantes transgéniques que tous les autres pays européens réunis. Nous en étions à peu près à la moitié de l'activité des États-Unis en la matière. Il y avait à cette époque deux grands pays dans le monde à avoir une importante expérience sur les variétés transgéniques – les OGM –, les

États-Unis et la France. J'ai vu passer environ mille dossiers de plantes transgéniques en dix ans. Notre approche, à l'époque, était très scientifique. Nous exigions une description aussi complète que possible de ce que les chercheurs et les industriels avaient créé. Le dossier du maïs résistant à la pyrale de Ciba Geigy (maïs Bt, aujourd'hui encore célèbre) avant sa fusion avec Sandoz au sein de Novartis, a été soumis à la Commission dans les années 1990. Nous avons commencé à manifester vis-à-vis de ce dossier de fortes réticences. Certaines des affirmations de cette société se sont révélées fausses à la suite de vérifications que j'ai fait conduire dans mon propre laboratoire. Mais nous sommes finalement arrivés à la conclusion que le gène de résistance à l'ampicilline, présent dans la plante car utilisé à des fins classiques de sélection des cellules modifiées, ne posait pas de véritable problème, même si on pouvait regretter qu'il fût présent. On trouvait déjà en abondance, dans les intestins humains, des bactéries résistantes à l'ampicilline car porteuses du gène. On en détectait aussi sur le moindre radis ou la moindre salade. En bref, ce fameux gène est largement disséminé dans la nature. Par ailleurs, nous avons pu établir que le passage de gène de l'ADN des plantes à celui des bactéries était un phénomène hautement improbable mais, en effet, pas impossible. Cependant, si cela se produisait, ce serait sans conséquence aucune, vu que, nous l'avons dit, ce gène était déjà très répandu chez l'homme et dans l'environnement. Nous avons donc donné un avis favorable. À ce moment-là, sans doute pour des raisons géopolitiques, l'Angleterre, qui y avait été jusqu'alors favorable, se met à contester le projet dès lors qu'il a été soumis à la commission française. Je me bats alors comme un beau diable, en particulier à Bruxelles, pendant un an et demi pour expliquer le point de vue de ma commission. En février 1997, l'instance européenne idoine donne un avis favorable à la commercialisation de ce fameux maïs présenté par la France. À ce moment-là, Alain Juppé, Premier ministre, savait que l'Assemblée nationale allait être dissoute et je fais l'hypothèse qu'il cherchait une alliance possible avec la frange des écologistes de droite conduite par Corine Lepage. À la sortie d'un Conseil des ministres consacré au projet Agriculture 2000, Alain Juppé annonce qu'il autorise l'importation de ce maïs mais qu'il interdit absolument sa culture par les agriculteurs français. Cela me mettait dans une position absolument invraisemblable à Bruxelles. J'ai alors dit à Philippe Vasseur, ministre de l'Agriculture, que l'on ne pouvait pas me demander, en tant qu'expert, de mener un combat pour, ensuite, prendre une position politique en en contredisant de manière radicale l'issue. Je n'avais vraiment aucune affection particulière pour cette variété transgénique. Je ne contestais pas le droit du politique de prendre de telles décisions mais, en tant qu'expert, j'avais perdu toute crédibilité aux yeux de mes homologues européens. Il était donc sain que je démissionne.

Pour revenir à la vigne, je pense comme vous. Autoriser une recherche après une évaluation réglementaire, faire respecter des conditions strictes d'expérimentation et, ensuite, accepter que le premier venu, parce que cela ne lui convient pas, ruine l'essai mené, conduit à l'impossibilité d'assurer un État de droit. Car, au même titre, je pourrais aller saboter les usines Renault parce que je préfère, de loin, la bicyclette à l'automobile, ou bien dynamiter EADS car les avions sont polluants et contribuent à accroître la production de CO_2, donc le réchauffement climatique. Je rappelle que, dans un pays démocratique, c'est la loi qui détermine ce qui est autorisé et ce qui ne l'est pas. Cela n'est pas laissé à l'initiative individuelle.

VP : Cela finira peut-être par arriver. Des activistes antiexpérimentation animale déguisés en lapins géants ont bien escaladé le mur du ministère de la Recherche... Ils ont fait un lobbying très intense à Bruxelles pour que l'on interdise les essais thérapeutiques sur les primates. Mais si l'on n'utilise pas les primates, il faudra directement essayer les médicaments sur l'homme. L'expérimentation animale est nécessaire, même si elle doit s'accompagner de garanties très fortes pour que les animaux concernés soient bien traités. Et nous sommes en train de travailler au niveau européen pour renforcer les protections grâce à une directive très exigeante.

AK : Vous avez raison, une réelle suspicion, parfois une hostilité, envers la science et la technique s'est développée, en particulier, dans la mouvance de l'écologie politique et des forces de gauche qu'elle influence. En fait, une certaine vision optimiste du progrès, un peu naïve, est aujourd'hui plus l'apanage de la droite libérale que de la gauche, pour des raisons qui sont intéressantes à observer. C'est une inversion des positions traditionnelles. Or le Parti socialiste, lorsqu'il se déconnecte de l'idée de progrès, perd l'une des racines de sa raison d'être. Réinventer une conception réaliste, lucide et ambitieuse du progrès est, pour la gauche française, un défi majeur, presque existentiel. Je suis prêt à l'y aider, si elle l'accepte.

VP : Une partie de la gauche d'aujourd'hui est même devenue farouchement hostile au progrès. Je dirais même qu'elle devient clairement réactionnaire ou régressive, sous la pression, notamment, des altermondialistes et d'un certain intégrisme vert. Elle se replie sur le « c'était mieux avant ». Quand j'entends certains de ses leaders nous expliquer que le progrès est un luxe, que la science n'apporte plus rien à l'humanité et que la meilleure chose à faire, c'est de retourner à un mode de vie « naturel » dont personne ne sait à quoi il correspond, j'ai l'impression de voir revivre le président du tribunal révolutionnaire qui déclara à Lavoisier, le père de la chimie moderne : « la République n'a besoin ni de savants ni de chimistes » avant de le faire guillotiner... C'est un nouvel obscurantisme qui voit le jour.

Opposition au génie génétique

AK : Revenons à la vigne. D'un point de vue scientifique, l'action des faucheurs volontaires alsaciens est un monument d'absurdité. La recherche menée ici porte sur un virus appelé le court-noué, transmis par de minuscules vers du sol. Pour éviter que, si un jour ces vignes étaient cultivées à des fins de vinification, on puisse estimer que l'on consomme du raisin et du vin « transgéniques », seul le porte-greffe est modifié. En aucun cas, la grappe de raisin ne porterait le transgène. On est donc devant une recherche encore très expérimentale destinée à lutter contre une virose qui pose un réel problème aux viticulteurs et contre laquelle l'on ne dispose pas de pesticides. Cette recherche est autorisée légalement. Elle ne touche pas les aliments. Malgré tout cela, elle est ruinée, les plans expérimentaux sont arrachés et détruits.

Comment expliquer de tels comportements ? Dans l'histoire de l'opposition au génie génétique, on peut reconnaître plusieurs phases et trois ressorts principaux. L'un se réclame de la *deep ecology*, l'écologie profonde pour laquelle l'harmonie et la divinité se trouvent au sein de la nature. Tout ce qui lui porte atteinte est blasphématoire. Le romantisme nordique et allemand peut être rapproché de cette pensée. Le deuxième ressort est anti-impérialiste, altermondialiste. Il considère que ces techniques sont utilisées par des semenciers qui font partie des majors de l'agrochimie des pays dominants, que c'est un outil de domination supplémentaire du Sud par le Nord, des petits paysans par l'agro-business... Son combat a été mené en deux étapes.

La première a concerné les produits médicamenteux utilisant le génie génétique, comme l'insuline recombinante. Ce fut un échec total parce que la notion de risque ne peut qu'être comparée à celle de l'attente d'une innovation ou, plus généralement, d'une action. Si je souffre d'une rupture traumatique du foie, je suis prêt à me confier au chirurgien qui a 50 % de chances de me tuer. Sans son intervention, je suis sûr de mourir. Je prends par conséquent ce risque. L'Europe, elle, a peu d'attente en matière alimentaire et elle est convaincue de souffrir plutôt de surproduction. L'alimentation ne peut être réduite à sa dimension nutritionnelle, elle a un caractère culturel, festif, voire identitaire. Les processus d'industrialisation et d'artificialisation de la nourriture ne sont pas sympathiques à la majorité des citoyens. L'aspiration à l'aliment « naturel » est forte, bien entendu un peu ridicule lorsque, dans le même temps, on boit du Coca-Cola. Les mouvements écologistes et altermondialistes comme Greenpeace et d'autres, en 1997, avaient organisé la grande manifestation contre le débarquement du soja transgénique en Europe. Leur analyse était alors : « On a échoué à mobiliser la population contre les applications du génie génétique dans la pharmacie en raison de son attente manifeste d'une amélioration des médicaments, par exemple la production d'insuline ou d'hormone de croissance recombinantes. En revanche, l'alimentation sera un terrain propice au succès de l'action car son industrialisation et la domination des petits paysans du Nord et du Sud par l'agrobusiness sont rejetées par le plus grand nombre... Et puis, le lien physique entre l'homme, la terre nourricière et l'aliment qu'elle produit facilitera la mobilisation sur ce thème. Par conséquent, il faut se battre sur ce point. »

Le troisième ressort de l'opposition aux OGM a été fourni par la succession des scandales dont certains ont touché l'agroalimentaire, comme les poulets à la dioxine et la vache folle déjà évoqués. Ce n'est donc pas un hasard si le grand titre du journal *Libération* qui a lancé cette campagne en France, en novembre 1996, était : « Le soja fou débarque en Europe ». L'idée véhiculée était alors : « Ces fous qui, dans un désir de productivité accrue, se sont laissés aller à une dérive productiviste, ont fait manger de la viande aux vaches, ce qui les a rendues folles et a contaminé l'humanité. Ils nous refont le même coup avec le soja transgénique, bricolé. Et cela aboutira au même résultat. » On est ainsi arrivé à l'extravagante situation actuelle. S'il existe un domaine dans lequel le débat rationnel n'est plus possible, c'est bien celui des OGM. On est entré dans une guerre de religion...

VP : Oui, mais il y a tout de même deux types d'écologistes. D'abord l'écologiste modéré, dont je me sens plutôt proche, qui est sensible aux questions de santé et d'environnement et que le sort de la planète ne laisse pas indifférent. Et l'écologiste intégriste qui, sur certains sujets, prône le retour à un âge d'or qui n'a jamais existé et qui n'hésite par à jouer sur les peurs de nos concitoyens. C'est le type même de l'activiste que l'on peut retrouver dans des partis politiques proches de l'extrême gauche. S'il y a une confiance parfois excessive d'une partie de la droite dans le progrès, il y a aussi beaucoup de cynisme chez une certaine gauche qui utilise l'écologie comme un nouveau marqueur idéologique.

En fait, on constate une convergence entre une culture, une histoire et des peurs. On le voit bien sur les OGM. La France, ce sont des terroirs, des produits, une agriculture de qualité... D'où une diabolisation réussie des OGM. En revanche, le combat antinucléaire, qui est un étendard pour les Verts allemands, ne fonctionne pas aussi bien en France. D'abord, parce que nous avons beaucoup investi dans la sûreté nucléaire. Mais aussi parce que l'industrie du nucléaire est très liée au service public. Et les Français ont une grande confiance dans leurs services publics, défendus historiquement aussi bien par le Parti communiste que par les gaullistes. Spontanément, les Français sont en faveur de l'énergie nucléaire. De même pour le médicament. On condamne les OGM alors que nous sommes les premiers consommateurs de médicaments en Europe et peut-être même au monde. Nous accordons une confiance très forte à la médecine qui n'est pourtant pas infaillible non plus et qui doit être tout aussi contrôlée.

AK : C'est vrai que, parmi les métiers très valorisés par la population, il reste l'infirmier, le médecin et le chercheur, nous l'avons déjà rappelé.

VP : On voit donc bien que lorsqu'on veut attaquer le progrès scientifique, on joue sur les peurs, sur l'affect... En tant que responsable politique, je me méfie des mouvements qui jouent ainsi sur l'émotion plus que sur la raison, qui cultivent l'excès et les démonstrations de force spectaculaires. C'est une forme de logique totalitaire qui est ici en germe. Je suis profondément modérée de nature, je suis républicaine et je crois à la démocratie et à ses contre-pouvoirs. Quand une loi a été votée par une majorité élue, qui a fait appel à l'expertise scientifique et qui a organisé une large concertation avec la société civile, je considère qu'il faut l'appliquer. J'ai donc été choquée par le comportement des faucheurs, parce qu'on a négocié la loi sur les OGM avec l'ensemble des associations environnementales, en nous appuyant sur une expertise scientifique internationale et que cela nous a conduit à fixer les normes les plus contraignantes – donc les plus protectrices – au monde. Cette loi, je l'ai saluée, car j'ai pensé qu'elle apaiserait les craintes et qu'elle permettrait enfin à nos chercheurs de travailler dans la sérénité. Mais, malheureusement, ça n'a pas été le cas.

Sur ce sujet, il règne une forme d'hypocrisie que j'ai parfois du mal à supporter. Ainsi, les écologistes qui veulent démontrer qu'ils ne sont pas opposés à la recherche disent : « On est d'accord pour les expérimentations OGM en serre, mais on est contre les essais en plein air à cause des risques de dissémination. » Mais on ne peut pas mener de véritables travaux de recherche en ne travaillant qu'en serre. Sur le court-noué de la vigne, les résultats des expérimentations menées en plein champ à Colmar ont démenti les résultats obtenus dans le milieu confiné de la serre. Cela ne marche pas de la même façon à l'air libre. On ne peut pas dire j'accepte la recherche et lui refuser les conditions de son exercice !

Il faut que nous retrouvions un vrai rapport de confiance avec nos scientifiques. C'est pour cela que je suis favorable à une vraie transparence sur le déroulement des recherches et à un dialogue systématique avec les ONG et les associations. La science n'a rien à cacher et c'est cela qui rassurera le grand public, auquel certains expliquent en permanence qu'il y a un Frankenstein en puissance derrière chaque chercheur. Pour nourrir cette confiance, je me suis engagée à définir un statut de « lanceur d'alerte » aux scientifiques qui auraient des doutes sur les conséquences de tel ou tel projet de recherche dans leur laboratoire. Ceux qui tirent la sonnette d'alarme seront protégés.

Cette confiance, j'y tiens. Et j'y tiens parce que la manière dont on met aujourd'hui systématiquement en accusation les chercheurs est une vraie dérive, une dérive qui a toutes les raisons de nous inquiéter. J'en viens parfois à me demander si elle n'est pas téléguidée... Sur les OGM, comme vous le rappelez, nous étions leaders et nous concurrencions les Américains. Aujourd'hui, nous ne sommes plus leaders. Or l'agroalimentaire est un outil de la puissance américaine dans le monde. L'agriculture française, du coup, ne profitera pas de ces progrès. Sans céder à la théorie du complot, on peut se demander si tout cela n'est pas manipulé. Souvenez-vous de François Mitterrand qui disait : « Les bombes sont à l'est, les pacifistes à l'ouest. » C'est un peu la même chose. Les OGM sont aux États-Unis et les anti-OGM en France.

AK : Les organismes génétiquement modifiés ont un point commun avec le nucléaire dans l'esprit des gens. Ce sont, tous deux, des principes que l'on ne peut pas imaginer, que l'on ne sent pas, qu'on ne voit pas... mais que l'on présume dangereux. Des rayons ou des gènes, invisibles, inodores, impalpables, difficiles à détecter et qui sont réputés transformer l'essence de ce que nous sommes. C'est en cela qu'ils peuvent engendrer la terreur. Pour refonder un discours rationnel et démocratique sur les OGM, il faudrait aborder les problèmes les uns après les autres. La première question est de savoir si une nouvelle variété végétale, parce qu'elle est obtenue par transgenèse, est, pour autant, dangereuse pour la faune, la flore, l'environnement. Il est très aisé de démontrer que tel n'est point le cas et que de très nombreuses variétés « naturelles » sont, a priori, beaucoup plus dangereuses que les plantes transgéniques aujourd'hui produites et cultivées. L'avantage du transgène réside en ce que les modifications introduites pour obtenir des caractéristiques variétales désirées sont plus limitées qu'avec les procédés classiques et, par conséquent, plus faciles à caractériser.

Deuxièmement, est-il vrai, comme le prétendait Monsanto, Dupont de Nemours ou d'autres, que la transgenèse va permettre de nourrir le monde ? Il ne faut pas se leurrer. Lorsque ces entreprises créent et développent des OGM, c'est du business. Comme les fabricants de bicyclettes et comme les semenciers classiques. C'est pour cela que la grande campagne de publicité de Monsanto en 1997-1998 a été absurde. L'entreprise voulait se montrer sous le jour d'une bienfaitrice de l'humanité, prenant à bras-le-corps le problème de faim dans le monde pour y porter remède. Si cela avait été vrai, ses actionnaires aurait fait plonger son cours en Bourse ! Mais je n'en tire pas de diabolisation. Quand Boeing ou Airbus investissent dans un avion, c'est, de même, pour gagner de l'argent et pas pour permettre aux amants éloignés de se retrouver !

Troisièmement, les OGM posent-ils un problème systématique pour la santé ? Et là, on peut démontrer que cette crainte est absurde dans la mesure où l'on ne crée pas une plante avec le transgène de la toxine botulique ou tétanique. Faire synthétiser du carotène par des fraises des bois, pour prendre un exemple absurde, n'aboutit pas à un produit empoisonné. Les plantes transgéniques ne sont pas, en elles-mêmes, plus dangereuses que les plantes naturelles. Ces dernières ne sont pas toujours inoffensives, beaucoup sont riches en toxines redoutables (ciguë, curare, amanite phalloïde...). Autre question importante. Est-il raisonnable que la recherche fasse l'impasse sur cette nouvelle manière d'améliorer la qualité des variétés végétales ? C'est, selon toute évidence, déraisonnable. En effet, l'idée selon laquelle nous vivons en surproduction agricole ne vaut que pour la France, l'Europe et quelques autres pays, grands producteurs. Au début du XXe siècle, un hectare nourrissait 1,3 habitant. Dans vingt ans, un hectare devra nourrir six habitants, et mieux qu'aujourd'hui où on compte encore deux milliards de personnes dénutries ou malnutries. En fait, si on veut à cette date nourrir de façon convenable tous les terriens, il convient de doubler la production végétale dans les vingt ans qui viennent. Et il faut atteindre ce niveau sans couper les forêts, sans augmenter l'irrigation car nous manquons d'eau, sans utiliser plus de pesticides, ni d'engrais, car nous en employons déjà trop. Notre principale capacité pour faire face à ce défi apparaît être l'augmentation de la productivité par amélioration de la qualité agronomique des variétés végétales. Pour ce faire, la transgenèse n'est pas la seule solution, bien entendu. Mais il ne serait à l'évidence pas sage de faire l'impasse sur cette méthode.

Voilà ce que pourrait être un débat argumenté et rationnel sur les OGM. Prétendre que faire de la recherche sur les OGM, que ce soit au CIRAD à Montpellier ou à l'INRA à Colmar, c'est avoir partie liée avec les empoisonneurs de l'humanité, c'est inadmissible. Souvent, face à des centaines de personnes au cours de conférences, j'arrive à tenir un tel discours. En revanche, trop de militants de l'écologie ont une vision manichéenne de cette question. Dans les OGM, ils ont identifié le Mal. Dès lors, tout débat devient impossible.

VP : Pour rebondir sur ce que vous venez de dire, nous avons un projet de peupliers à Orléans qui permettrait de faire du papier en polluant moins. Ce qui est évidemment bon pour l'environnement. Mais il y a aussi d'autres abcès de fixation pour nos peurs. Les nanotechnologies, par exemple. Récemment devait avoir lieu, partout dans le pays, un grand débat public sur le sujet. C'était l'exemple même du dialogue entre science et société. Eh bien, certains groupes radicaux et violents ont empêché ces débats de se tenir dans cinq grandes villes de France. Là encore, ils sont dans une logique de diabolisation des « nanos ». Mais, surtout, ils empêchent les scientifiques d'en parler au grand public parce que, disaient-ils, « débattre, c'est déjà accepter »...

Les nanotechnologies sont-elles désirables ?

AK : Votre gouvernement a sans doute fait une erreur en lançant un débat global sur les nanotechnologies.

VP : C'est lors du Grenelle de l'environnement que les associations environnementales l'ont demandé...

AK : Cela revenait à discuter d'une question qui n'existe pas en tant que telle. Et d'un intitulé-chiffon rouge qui provoque l'entrée dans la bagarre de tous ceux qui sont opposés au progrès technologique.

VP : J'étais moi-même opposée à ce que l'on mêle sous une même appellation des réalités très différentes. Une fois encore, il faut évaluer les bénéfices et les risques pour l'environnement et la santé de chaque technologie. Ni les adopter ni les rejeter en bloc. C'est la seule démarche rationnelle et la seule manière d'appliquer le principe de précaution. Comment peut-on mettre sous le même vocable des choses aussi différentes que des nanoparticules totalement enfermées, comme celles qui sont utilisées en électronique, des nanomédicaments qui vont cibler une tumeur dans le corps humain et des nanotechnologies de pur confort comme les agents bactéricides que l'on met dans les chaussettes ou celles que l'on introduit dans les cosmétiques... ? Qui rappellera que nous respirons des nanoparticules toute la journée ? Un feu de bois produit de nombreuses nanoparticules... On ne peut pas faire comme si rien n'avait jamais existé à une telle échelle !

AK : Soyons objectifs, la toxicité des fibres d'amiante est liée à leur très petite taille. Par conséquent, il n'est pas illégitime de se poser la question au sujet des fibres de carbone, des nanoparticules d'argent ou de tel ou tel matériau, qui n'ont jamais été utilisés sous cette forme. Compte tenu de ce que l'on sait des nanoparticules de silice et d'amiante, ces nouvelles formes de la matière peuvent-elles être dangereuses ? Il ne faut pas refuser d'aborder cette question. Simplement, les nanotechnologies sont tellement vastes... Elles englobent tout ce qui est très petit. Et, comme vous l'avez dit, nous sommes confrontés dans notre vie quotidienne à une multitude de nanoparticules depuis des siècles, un peu comme M. Jourdain faisant de la prose sans le savoir. Les molécules de la chimie, les molécules biologiques sont des nanos ! Donc c'est absurde.

Toutefois, ce n'est pas parce que les nanotechnologies sont nouvelles, qu'elles reposent sur une science brillante, qu'il faudrait s'y engager avec enthousiasme sans réfléchir. Il faut, sans conteste, y regarder de près. L'amiante et la silice, je l'ai dit, témoignent de ce que les formes très fragmentées et dispersées de la matière, d'échelle nanométrique, présentent un danger potentiel. Il faut, par conséquent, tester les objets véritables les uns après les autres, au fur et à mesure de leur développement. Sans fantasmes et sans amalgame. Une forme particulière dispersée d'une matière donnée peut comporter un risque, pas les « nanotechnologies » par elles-mêmes.

VP : Exactement ! Et c'est pourquoi l'idée de rejeter les nanotechnologies en bloc est encore plus absurde que celle de rejeter les OGM en bloc, car cela touche à des domaines encore plus nombreux et différents. Pour l'instant, les nanos n'ont pas encore suscité une peur sociale qui engendrerait un vaste mouvement de contestation. Mais qui déciderait aujourd'hui de se passer de son iPod, de son ordinateur ou de son Smartphone ?

AK : Dans le cas des plantes transgéniques, le recul en matière d'innocuité est important. Il y a aujourd'hui 140 millions d'hectares cultivés en OGM dans le monde, soit quatre à cinq fois la terre cultivée en France. Autrement dit, 8,5 % de toutes les terres cultivées du monde le sont en OGM. Ainsi, 500 millions de personnes en mangent matin, midi et soir depuis une décennie. Or, de toutes les technologies liées à la modernité, il n'en existe pas une seule aussi inoffensive que celle-là, si vous comparez au transport, à la chimie, à l'énergie, à la médecine. Le phénomène du rejet des OGM est donc singulier ; il est lié au caractère un peu magique de l'alimentation.

Pour les nanotechnologies, il existe, nous l'avons vu,

un souci plus réel. De très petits objets, notamment lorsqu'ils sont inhalés dans le corps, entraînent des réactions que l'on ne peut pas facilement prévoir. D'où la nécessité de faire des recherches et de prendre des précautions. Des formes fractionnées de certaines matières peuvent avoir des toxicités que n'ont pas les formes non fractionnées. Cela est vrai. À partir de ce souci réel, on se met à parler des nanos sans se rendre compte que, dans n'importe quelle cellule, l'énergie est produite par une nanomachine, une hélice de pompage de l'ATP (Adénosine triphosphate). Il s'agit là de nanotechnologies qui nous font vivre. Et on en est arrivé à disqualifier ceux qui font des puces à ADN, de la biologie moléculaire, de la chimie inoffensive... Ce qu'il faut tenter, c'est une déconstruction. Je m'explique : si le gouvernement voulait mener le débat, il devrait commencer par déconstruire le terme «nano». Il ne pourra être abordé rationnellement qu'après qu'il aura été déconstruit.

VP : Oui, mais nous en sommes à un tel stade de désinformation que nombreux sont ceux qui, à tort, préféreraient ne pas parler du sujet. Le souvenir des OGM joue à plein. Vous savez, quand j'ai demandé aux dirigeants des grands organismes de prendre toute leur part, avec leurs scientifiques les plus éloquents et les plus pédagogues, au débat public sur les nanotechnologies, certains étaient réticents parce qu'ils pensaient que moins on en parle, mieux c'est. C'est dire le cercle vicieux dont il nous faut sortir : si même les scientifiques se mettent à craindre le débat parce qu'il peut éveiller des peurs et mettre en danger certaines recherches, il y a urgence à retrouver la sérénité.

Principe de précaution, risque zéro et monde idéal

VP : La question qui se pose aujourd'hui à la France, c'est de savoir si l'on est entré dans une société du risque zéro. Une société qui refuserait que les politiques prennent le moindre risque. Or tout est risqué : la vie, les choix, la politique... Cette part de risque, elle est inhérente au mouvement, au changement, à la nouveauté. Sauf à céder à la paralysie, on ne peut jamais la conjurer totalement.

Quand nous parlions de la réforme des universités, je disais que la gauche est profondément conservatrice parce qu'elle n'assume plus la part de risque inhérente à un choix. Gouverner, c'est choisir. Réformer, c'est choisir. Et on fait des erreurs, que l'on s'efforce de corriger. On négocie, on trouve des points d'accord et on avance. Nul ne peut réformer s'il n'accepte pas de ne pas tout faire parfaitement du premier coup. On essaie. On progresse. On recommence... C'est ainsi que l'on va de l'avant.

Vous avez parlé de la naïveté progressiste de la droite. C'est vrai que j'ai pris un peu de distance avec les positions traditionnelles de ma famille politique, puisque j'ai défendu l'inscription du principe de précaution dans la Constitution en 2004. J'étais l'orateur de l'UMP pour la charte de l'environnement et il m'a fallu beaucoup d'énergie et de conviction pour faire adhérer les députés à cette vision que défendait Jacques Chirac à l'époque. Mon credo, c'était et cela reste : oui à la précaution, oui à des actions proportionnées s'il existe un risque. Mais la peur du risque ou le risque fantasmé ne doit pas nous empêcher d'agir.

Cela vaut pour la science mais aussi pour toutes les réformes et plus largement pour l'action politique. Il y a quelques mois, j'ai été confrontée à certains militants hostiles au nucléaire qui avaient réussi à convaincre Georges Charpak de l'inutilité d'ITER. Selon eux, il fallait abandonner ce projet parce qu'il est risqué et que l'on n'arrivera pas à résoudre les défis scientifiques que pose cette nouvelle source d'énergie.

AK : Je ne suis pas compétent sur ce dossier mais si c'est vrai qu'ITER ne sert à rien, ils ont raison ! Sinon, ils ont tort... (*Rires.*)

VP : Toute la difficulté d'être ministre de la Recherche est là. Car je dois décider d'investir, ou non, l'argent public dans ce projet. Je suis allée en Chine, au Japon et aux États-Unis ainsi qu'en Europe, pour rencontrer mes homologues et les communautés scientifiques de tous les partenaires du projet ITER. Ils sont tous convaincus, malgré les contraintes budgétaires : « Il faut tenter cela. » La fusion thermonucléaire, c'est comme cela que les étoiles produisent de l'énergie. Si l'on parvient à reproduire cela en France, nous aurons la source d'énergie du XXIIe siècle.

AK : Ce sont des sommes relativement importantes. La question est de savoir si c'est dans ce domaine que le rendement des efforts entrepris sera le meilleur...

VP : On est optimiste lorsqu'on accepte lucidement la part de risque inhérente à la vie en société. Le risque doit aussi être considéré comme une opportunité et non pas seulement comme un frein. C'est une vision positive du risque. Car ITER peut marcher. Le bénéfice serait alors immense, bien plus que son coût.

AK : Le risque que l'on n'accepte pas, c'est celui dont on n'est pas familier. La vieille maîtresse, le vieil amant, le mari que l'on connaît par cœur, n'émeut plus, ne bouleverse plus et ne fait plus guère d'effet. En revanche, le risque nouveau épouvante, il laisse percevoir maints dangers que l'on ne connaît pas. Les sports mécaniques, les risques pour les pilotes d'essai d'automobile ou d'avion, sont familiers. On est habitué à ce que les engins puissent s'écraser contre un obstacle, se retourner, prendre feu. C'est pareil pour les spationautes et, dans la vie quotidienne, pour la cigarette et la voiture. Le génie génétique ou le nucléaire sont des domaines tout nouveaux auxquels on ne s'est pas habitué. La perception du risque en est alors fatalement différente. Bien entendu, notre vie réelle, fumer, boire de l'alcool, banqueter et conduire, comporte beaucoup plus de risques que ce qui nous fait le plus peur, être contaminés par les OGM ou le bifteck de la vache folle !

VP : C'est vrai, il y a un décalage entre la réalité des dangers et leur perception par l'opinion. Dans ma circonscription, je suis souvent confrontée à des habitants qui viennent me voir parce qu'ils ont peur des effets des antennes de téléphonie mobile et qu'ils souhaitent qu'elles soient déplacées. Or toutes les enquêtes épidémiologiques montrent que les doses de rayonnement émis par les antennes sont beaucoup moins nocives que celles provenant d'un téléphone portable collé sur l'oreille. Et l'éloignement des antennes relais va justement augmenter la puissance d'émission des téléphones et donc leur toxicité potentielle ! Mais, dans le cas du téléphone, il s'agit d'un risque que les gens acceptent de subir parce qu'il relève de leur choix individuel. Alors que le risque que la société leur fait subir, avec les antennes relais, par exemple, leur paraît insupportable.

AK : Cela, c'est exact. Mais je voudrais revenir sur le principe de précaution. Je suis favorable au principe de précaution à condition que l'on ne se trompe pas sur sa définition. Si je devais choisir un qualificatif pour définir mon sentiment vis-à-vis de l'avenir, je ne dirais pas que je suis optimiste. Non... Je suis lucide, concerné et mobilisé. Ni pessimiste ni optimiste. Tous deux sont démobilisateurs.

VP : Ah non ! Moi, l'optimisme me fait avancer...

AK : L'optimisme suppose que demain sera de toute façon bon ; par conséquent, il n'y a pas trop à y veiller. Et pour les pessimistes, vu que le pire est certain quoi qu'on fasse, il n'y a pas, non plus, à s'en mêler... Il m'apparaît que la bonne position, c'est celle de la mobilisation. L'avenir n'est pas écrit. Il sera ce que nous en ferons.

VP : Oui, mais il faut avoir un moteur, il faut avoir envie de faire mieux. Et, pour cela, il faut croire en l'avenir. C'est pour cela que je suis radicalement optimiste !

AK : Lorsqu'un scientifique, un technicien, réalise quelque chose de nouveau, il serait bien inconséquent s'il ne tenait pas compte, non seulement de la nouveauté, de la rentabilité et de la performance de ce qu'il entreprend, mais également du caractère sûr, de l'absence de dangerosité induite par son innovation. La minimisation du danger lié à une innovation doit faire partie de tout projet innovant. C'est tout à fait évident. Et si le principe de précaution consiste à dire : « Il faut que toute innovation intègre un effort pour s'assurer, autant qu'il est possible de le faire, que l'on n'induit pas un danger », il s'impose à tous. Cela étant dit, ce qu'il faut refuser avec vigueur, et c'est hélas la manière dont le principe de précaution est présenté, c'est qu'il soit équivalent ou conduise à un principe d'inaction. Pour quelle raison ? Parce que, j'y ai déjà fait allusion, le seul monde dans lequel la meilleure précaution serait l'inaction, c'est-à-dire dans lequel l'innovation se révélerait toujours plus dangereuse que le *statu quo,* est un monde idéal, parfait, indépassable où il n'y aurait rien à changer et à améliorer. Qui croit que nous vivions dans un monde idéal que tout changement menacerait ? Les Grecs pensaient un peu cela, ce n'est pas eux qui ont inventé l'idée de progrès. Sans être iréniste et naïf, je crois, quant à moi, au progrès.

VP : Je crois que le principe de précaution protège aussi celui qui cherche, qui crée ou qui agit. Quand on prend une décision, quand on entreprend une recherche, on n'est pas toujours sûr de pouvoir la mener à terme parce que l'on vit avec cette épée de Damoclès d'une action en justice qui peut, à tout moment, vous désavouer. En appliquant d'emblée le principe de précaution, en l'appliquant avant d'agir, on garantit ensuite au chercheur ou au politique qu'il pourra mener sa tâche à bien.

Les règles du jeu sont plus claires et plus sûres pour tous.

AK : Si vous me demandez si boire de ce thé glacé merveilleux et que je déguste ici avec plaisir pendant nos rencontres, est dangereux, je répondrai que non, bien sûr, pour aujourd'hui. Mais si nous continuons pendant vingt ou trente ans, je n'ai alors aucune idée des conséquences à long terme de la consommation régulière de ce délicieux et rafraîchissant breuvage... Par conséquent, une telle question serait absurde, je ne pourrais y répondre. En effet, la seule manière d'évaluer le risque, c'est de comparer les incertitudes et dangers liés à deux manières d'agir. C'est-à-dire de comparer soit deux innovations entre elles, soit une innovation *versus* le *statu quo*. Si, maintenant, vous me demandez s'il est plus dangereux de boire ce thé glacé ou de ne pas boire, j'affirmerai, bien entendu, que le plus dangereux est de ne pas boire, surtout avec la chaleur qu'il fait, car je serai mort de soif d'ici peu. Maintenant, si la question consiste à évaluer les risques relatifs de la consommation d'eau minérale ou de thé glacé, il est possible de mener des travaux scientifiques pour tenter de résoudre le dilemme.

Il faut se rappeler que la notion du danger absolu d'une procédure n'a de signification que comparative, par exemple par rapport au *statu quo* qui n'est souvent, lui-même, pas dénué de dangers. Même le *statu quo*, d'ailleurs, est la persistance d'une action antérieure. On ne flotte pas dans un néant où personne ne fait rien. On mange, on boit, on cultive... Prenons l'agriculture et les OGM. Moi, je ne sais pas si le maïs Bt dans lequel on a introduit un gène de résistance aux insectes est plus ou moins dangereux que les pratiques agronomiques usuelles. Certes, la question se pose réellement. Je sais qu'au bout d'un certain temps de culture, des résistances des ravageurs au transgène introduit vont finir par apparaître. D'un autre côté, avant que cette résistance ne se manifeste, la plante transgénique permettra d'éviter l'usage d'une grande quantité de pesticides plus ou moins actifs et non dénués de risques. La culture du maïs biologique étant aujourd'hui très limitée, la règle, ce sont donc des pratiques agricoles qui emploient de multiples intrants. Beaucoup de ceux-ci ne sont pas inoffensifs. Le principe de précaution, un excellent principe, je l'ai dit, consiste en définitive à comparer les inconvénients associés à deux méthodes de protection des cultures. Refusons avec détermination le contresens, aujourd'hui véhiculé, d'un principe de précaution confondu avec un impératif d'inaction, une exigence d'immobilisme.

Progrès, naïveté libérale, clonage

AK : En matière de progrès, j'ai dit que la droite est naïve. Et je voudrais contribuer à permettre à la gauche de se ressaisir de l'une de ses racines essentielles, la référence au progrès. Pour moi, la naïveté du progrès et ce pourquoi la droite libérale est aujourd'hui la dernière force politique vraiment progressiste, c'est l'idée selon laquelle...

VP : Et même la droite gaulliste, Axel Kahn. La droite n'est pas forcément ultralibérale ! Peut-être qu'au bout de quatre mois d'échange entre nous, on va finir par se mettre d'accord là-dessus...

AK : Ma critique ne concerne pas la droite gaulliste mais la droite libérale...

VP : D'accord...

AK : Même si la droite gaulliste inclut une frange libérale... Entre Madelin et de Gaulle, il y a un fossé énorme, Madame la ministre, vous le savez bien...

VP : Je crois effectivement à l'économie de marché, mais je crois que l'État a un rôle de régulation indispensable, y compris lorsqu'il s'agit du principe de précaution ! Je l'ai dit, je n'accepte pas que l'on décrive les chercheurs comme des apprentis sorciers. Mais il y a aussi des chercheurs qui, de temps en temps, passent les bornes. Mus par leur enthousiasme, ils franchissent certaines limites. Par exemple, avec le clonage. On a déjà cloné tous les animaux possibles et imaginables. Aujourd'hui, on clone des taureaux et l'on va donc manger des veaux de taureaux clonés. Quand sera-t-on en mesure de cloner l'être humain ? C'est une question de temps. Ce jour-là, il faudra être capable de dresser des barrières et de ne pas céder au vertige du mouvement permanent. D'où le rôle du politique, qui est de se saisir des problèmes éthiques.

AK : C'est un danger plutôt symbolique, d'ailleurs...

VP : Ah bon, vous êtes sûr ?

AK : Je le crois. Pour l'essentiel, la définition du clonage est la reproduction à l'identique. Si vous clonez un taureau dont la viande est savoureuse, vous pouvez espérer obtenir par clonage un excellent animal d'embouche, ses steaks devraient être succulents...

VP : (*Rires.*)

AK : Autant la création de variétés nouvelles par multiples croisements peut entraîner des surprises, car les événements en cause sont innombrables, autant la reproduction à l'identique d'une variété par clonage ne reproduit que les dangers et les avantages de cette variété. Cela devrait être vrai pour les animaux autant que pour les plantes.

VP : Tout de même, l'animal cloné est atteint de certaines maladies, il vieillit beaucoup plus vite...

AK : Cela, c'est sans doute faux. On l'a cru, en effet. Avec un recul plus important, il apparaît que la longévité moyenne des animaux clonés est sensiblement normale. La brebis Dolly n'est pas du tout morte de vieillesse accélérée mais d'une maladie virale dont est décédée aussi sa compagne de bergerie qui, elle, n'était pas clonée. C'est vrai, la belle Dolly a souffert d'une arthrose du genou. Mais, comme elle était très gâtée et présentait un embonpoint notable, cela pourrait être la conséquence de son poids. Une telle « gonarthrose » est banale chez les dames plantureuses. En revanche, vous avez raison sur un point. Le clonage induit des problèmes néonatals. Le poids de naissance est trop élevé et nombre de souriceaux ou de veaux clonés présentent des malformations létales. La cause en est, peut-être, un défaut de reprogrammation. Ce phénomène à la base du clonage est très compliqué et sujet à des imperfections qui sont susceptibles d'aboutir à des troubles du développement.

Dans les conditions physiologiques, la complémentarité des génomes mâle et femelle est nécessaire pour procréer. Avec le clonage, le génome ne vient que d'un sexe et possède déjà un programme qu'il faut effacer, puis reprogrammer. Même de légères anomalies de ce processus peuvent perturber l'embryogenèse. C'est, pense-t-on, dans les petites incertitudes de cette opération que réside l'origine des anomalies observées. Mais pour les animaux qui échappent aux 30 % de mortalité néonatale notée chez les murins et chez les bovins, autant que l'on puisse le dire aujourd'hui, la longévité est identique à celle des autres animaux.

En ce qui concerne la question de la diversité, en principe menacée par la technique du clonage si elle devenait une forme habituelle de reproduction, elle se pose pour les animaux comme pour les végétaux. Je suis cavalier et donc un homme de cheval, si bien que je suis conscient des dangers auxquels peut conduire le clonage des équidés. Aujourd'hui, les mâles performants sont utilisés comme étalons jusqu'à ce qu'ils n'en puissent plus. Comme tout le monde cherche la semence des mêmes mâles, il existe une forte consanguinité. Avec le clonage, de plus en plus utilisé car la technique est performante dans cette espèce, on va rendre éternel ce mâle reproducteur. Pour un type de performance donnée, on peut se retrouver avec seulement cinq reproducteurs dans le monde. D'où une très forte réduction de la diversité et, donc, *in fine,* un frein au progrès génétique qui exige, en effet, que l'on réarrange en permanence les gènes à partir du pool de géniteurs, eux-mêmes diversifiés et « améliorés » à chaque génération.

À l'inverse, la création de plantes transgéniques ne réduit pas, en elle-même, la diversité variétale. L'introduction d'un transgène est, en effet, possible dans n'importe quelle variété, dans n'importe quel végétal. La transgenèse crée ainsi de la diversité tandis que le clonage la réduit. Prenons le riz Basmati au goût si subtil. Pour maintenir cette qualité, on utilise des lignées pures, presque clonées. La révolution verte repose en particulier sur la création de variétés naines dans lesquelles la vigueur de la photosynthèse profite à la graine et non à la tige. De plus, de telles variétés résistent mieux à la verse que les plantes traditionnelles. Le caractère « nain » est introduit de façon classique par croisement. Dans le cas du riz Basmati, une telle technique fait perdre les qualités gustatives du produit. Or on a isolé, il y a quelques années, le gène « raccourcisseur », responsable du caractère nain. Pour obtenir une plante conservant toutes les qualités de la variété Basmati et, en même temps, ayant acquis les avantages du nanisme, la meilleure approche pourrait être, par conséquent, de transférer le gène « raccourcisseur » dans la plante parentale.

5

Un monde meilleur peut-il advenir sans projet ?

Humanisme, finalité et intelligence

AXEL KAHN : Revenons à la crise du progrès et à sa lecture différente, à gauche et à droite. L'idée au centre de l'optimisme progressiste repose sur la conviction que la raison conduit à la science qui conduit au progrès technique qui conduit à la richesse, etc. Et que c'est la promesse assurée de développement et d'amélioration du bonheur de l'humanité. Il s'agit d'un postulat auquel ont adhéré aussi bien les progressistes de droite, les saint-simoniens, que les progressistes de gauche, les républicains, les socialistes et les communistes. Nos pays se sont bâtis sur cette conviction selon laquelle la mobilisation de nos capacités mentales allait nous permettre de bâtir, bon an mal an, un monde meilleur.

VALÉRIE PÉCRESSE : C'est plutôt vrai sur le long terme...

AK : Le XXe siècle a, à la fois, confirmé les espoirs que l'on avait investis dans le progrès et en a démontré les limites : on l'a dit, les guerres mécanisées, Tchernobyl,

Bhopâl... Ainsi, la droite libérale pour laquelle le succès des affaires, du business, ne peut qu'être attachée à ce qui en est l'un des moteurs principaux, c'est-à-dire la science et le progrès technique, manifeste un attachement résolu à la notion de progrès. À l'inverse, une partie de la gauche, critique quant aux conséquences sociales et environnementales de la technologie, s'est mise à douter ; elle a même, parfois, coupé le cordon ombilical qui la liait à l'idée de progrès. C'est cette conviction, chevillée au corps des femmes et des hommes de progrès des XVIIIe, XIXe et XXe siècles, selon laquelle les avancées de la science et des techniques suffisent à nous rapprocher du bonheur de l'humanité, que je considère naïve. En fait, le progrès scientifique et technique est ambivalent, il peut conduire au meilleur (les vaccinations, la médecine, la conquête de l'espace, Internet, etc.) ou au pire (les armes de destruction massive, la pollution, la disparition des espèces, le réchauffement climatique, etc.). La refondation essentielle consiste, à mes yeux, à bien noter que le développement des savoirs et du pouvoir technique ne constitue un progrès pour l'homme que si ce dernier s'en fixe le projet. C'est-à-dire si les moyens et les richesses nouvelles liés à ce progrès se fixent un but explicite : la promotion de l'homme. L'idéal du progrès peut être réhabilité, il le doit, à la condition d'être adossé à un authentique projet humaniste.

VP : Oui, j'entends bien. Mais, finalement, là, vous êtes assez relativiste sur l'idée de progrès. Vous dites que le progrès peut être bon ou mauvais et qu'il doit être fondé sur une idée humaniste. Moi, je suis plus positive que vous. Peut-être aussi parce que nous allons investir

22 milliards d'euros dans l'enseignement supérieur et la recherche... Je me dis que cela doit bien servir à quelque chose, tout cet argent que je vais puiser dans les deniers publics. Je pense qu'il existe une vraie puissance, une vraie force de l'esprit humain et que cette puissance de l'esprit humain fait avancer le monde. Et qu'elle se traduit par des progrès, dans nos laboratoires de recherche plus qu'ailleurs. Et pas seulement les laboratoires de recherche finalisée sur les OGM ou les nanos ou ITER. C'est également vrai de la philosophie, de la sociologie, de l'histoire... Toute la recherche en sciences humaines et sociales fait progresser l'esprit humain.

Quand on a donné une nouvelle impulsion aux travaux sur le stress au travail, on a bien vu qu'il s'agissait d'un sujet de société. Sur la sécurité, je fais partie de ceux qui, dans ma famille politique, estiment qu'il faudrait lancer davantage de programmes de recherche pour savoir, type de délinquance par type de délinquance, quelles sont les causes et les solutions qui marchent. Il ne s'agit pas seulement d'agir sur la sécurité par l'action des forces de police ou des juges. Il s'agit d'innover dans nos réponses en utilisant les ressources de notre intelligence collective. Au fond, à mes yeux, il y a toujours un bilan positif net de la recherche, quelle que soit la finalité qu'on lui donne.

Je ne suis pas sûre que tous les chercheurs, les mathématiciens, par exemple, qui démontrent un théorème, se disent forcément qu'ils le font avec une vision humaniste. Je pense qu'ils le font par passion, qu'ils trouvent cela passionnant en soi et qu'ils relèvent un défi, peut-être pour l'humanité... Mais je ne pense pas que cette notion de la finalité soit si présente, ni forcément si nécessaire au succès de telle ou telle recherche. Derrière, il y a le progrès de l'esprit humain. Et cela peut être une fin en soi. Après, c'est au politique, à l'industriel, à la société de savoir faire bon usage des découvertes de la science. Mais c'est finalement une question différente. Nos entretiens révèlent un paradoxe. Voici un gouvernement de droite qui est en train de faire la réforme de l'université, mais qui est surtout, en pleine période de crise économique et de pénurie de crédits budgétaires, en train d'investir 22 milliards d'euros supplémentaires dans la recherche, dans le cadre du plan d'investissements d'avenir. On n'a jamais vu un gouvernement de droite, en période de crise, dire qu'il va faire la relance par la recherche ! En général, la droite est accusée en permanence de couper les budgets de l'éducation et de la recherche. Je pense même que c'est un peu inattendu pour la gauche qui a du mal à y croire. Chaque année, elle me dit que le budget ne va pas être là, que ce n'est pas du vrai argent...

Alors pourquoi va-t-on investir 22 milliards d'euros dans la recherche, du plus fondamental au plus appliqué ? Là aussi, c'est vrai qu'il existe une partie de la droite, qu'elle soit gaulliste ou libérale, ou encore démocrate-chrétienne, qui pense que la recherche doit d'abord avoir une finalité appliquée, qui se désole du particularisme français qui conduit à une innovation beaucoup trop faible dans nos PME. Face à cette partie de la droite, je vais devoir batailler au sujet du grand emprunt. Je vais devoir lui expliquer que la recherche fondamentale doit avoir sa place. Tout simplement parce qu'elle aura peut-être, à un moment donné, une conséquence complètement inattendue. Et l'ultrafondamental, c'est un investissement par nature plus risqué. De même, il faudra que je bataille pour convaincre certains que les sciences humaines doivent trouver toute leur place dans ces investissements d'avenir, parce que l'histoire, la philosophie, la sociologie sont indispensables à la compréhension des mondes contemporains.

Donc, je pense, comme vous, d'abord à l'être humain. Je fais de la politique et la finalité de la politique, c'est d'améliorer la vie en société. Nous n'avons pas forcément la même conception de la méthode permettant d'y parvenir. Mais nous avons tous cet idéal au cœur. Améliorer la vie de l'homme. Maintenant, pourquoi investit-on 22 milliards ? Pour développer l'emploi, pour des raisons économiques, c'est vrai. Mais aussi parce que nous pensons que le rayonnement de notre pays, le génie, l'esprit, la culture français, tout ce qui est impalpable, ne vivra que si l'intelligence rayonne dans ce pays. Mais c'est quand même un très fort paradoxe, unique dans l'histoire politique du pays, que ce soit un gouvernement de droite qui défende farouchement cette conviction. Cela s'explique par le volontarisme et la vision d'un président de la République qui, fidèle à la grande tradition gaulliste, veut que la France continue de briller dans le monde et qui ne se résigne pas au déclin.

AK : Bien sûr, Madame la ministre, le droit de l'accès à la connaissance est un droit de l'homme fondamental. Je suis, vous le savez, un scientifique et un chercheur passionné. Par conséquent, tout ce qui permet de faire valoir ce droit, tout ce qui m'aide à comprendre, à connaître et à réaliser me convient. Lorsqu'un scientifique conduit ses travaux avec acharnement et passion, c'est pour parvenir à la découverte, pas pour contribuer au bonheur de l'humanité, c'est vrai. C'est pourquoi mon propos ne le concernait pas. Il s'adressait à la puissance publique. D'autre part, pour agir dans le sens que l'on a déterminé, pour progresser dans une direction humaniste, il importe, de toute façon, d'en avoir les moyens techniques et financiers. Je me réjouis par conséquent, sans arrière-pensée, de tout investissement dans la recherche. Nous avons eu l'occasion d'en discuter.

Cependant, je rappelle que ces mêmes moyens, scientifiques, techniques et financiers, peuvent aussi servir aux visées du Reich nazi. Si bien que la question de savoir quelles seront les utilisations des moyens conquis par la raison humaine est majeure. C'est pour cela que le progrès de l'homme exige, d'une part, un mécanisme permettant d'en développer les moyens et, d'autre part, une interrogation sur ce à quoi on va utiliser ces nouveaux pouvoirs, une volonté de les mobiliser au profit de l'humanité actuelle et future. Quand je parlais de naïveté, cela désignait ceux qui considèrent que l'on peut se permettre de faire l'économie de la seconde interrogation.

VP : Pour revenir à la gauche et vous titiller un peu, on peut dire que la candidature de Ségolène Royal à la présidentielle de 2007 était une négation de ce que représente le progrès scientifique...

AK : Vous ne m'amènerez pas à dire du mal de Ségolène... (*Rires.*)

VP : Il y a tout de même eu beaucoup d'approximations sur l'état de la science dans sa campagne...

AK : Madame la ministre, vous avez raison. Je n'ai pas voté Ségolène Royal au premier tour de la présidentielle, et je vais vous révéler pourquoi. J'espérais – et j'espère toujours de toutes mes forces – qu'une femme serait présidente de la République. Je me disais que si Ségolène Royal était élue en tant que femme, sur ce point, elle ne nous décevrait pas... J'étais lucide, vous voyez... (*Rires.*) J'ai cependant voté Bayrou au premier tour, un homme, pourtant. Quelque temps avant le premier tour, on interroge Ségolène Royal sur les faucheurs volontaires, on lui demande si elle décrétera leur amnistie. Elle hésite un peu et répond : « Oui, ils seront amnistiés parce qu'ils font une œuvre de salut public. On sait bien, en effet, que les OGM provoquent des malformations embryonnaires. » J'en ai avalé de travers, cette affirmation péremptoire n'est pas passée. Ce n'est pas que je désire m'acharner sur les faucheurs volontaires. Cependant, dire n'importe quoi avec une telle assurance m'est apparu peu compatible avec la fonction briguée. J'ai pourtant voté pour elle au second tour parce que, entre elle et Nicolas Sarkozy, ce qu'ils représentaient, je ne pouvais pas hésiter.

VP : C'est parce que vous ne saviez pas tout ce qu'il allait faire pour l'université !...

Le pari du progrès de la connaissance

AK : Ma vision du monde est marquée par plusieurs postulats. Le premier est que l'avenir n'est pas déterminé par autre chose que la mobilisation de ceux qui veulent le construire. En d'autres termes, je refuse l'idée selon laquelle l'avenir dépendrait de règles auxquelles il s'agirait simplement d'obéir, qu'elles découlent de la génétique, des marchés, de l'économie ou que sais-je. L'avenir n'est pas écrit et si nous sommes persuadés que nous avons le pouvoir de le rédiger, si nous osons vouloir, alors, nous pourrons contribuer à le façonner.

Par exemple, la mondialisation n'est pas un phénomène imposé depuis Sirius, elle est la conséquence de stratégies bien humaines, au centre desquelles on peut citer la recherche de marchés et de capitaux, la diminution escomptée des coûts de fabrication et le consumérisme. Bien sûr, chacun dans son petit pays ne peut suffire à changer l'ordre des choses. Il n'empêche que l'on ne peut concevoir l'avenir qu'en fonction de ce que l'on désire soi-même qu'il soit, c'est-à-dire d'un projet dans lequel on est prêt à s'investir. Je récuse avec énergie la position qui consiste à ne vouloir que s'adapter à un monde qui serait inéluctable. L'avenir n'est pas écrit et, si nous sommes nombreux à en être convaincus, il peut être modifié en fonction de ce que nous voulons en faire. Pour qu'il en soit ainsi, deux conditions sont nécessaires : d'abord, une vision claire du monde et de la société que nous souhaitons, de la place que doivent y tenir l'homme et son humanité ; ensuite, la capacité que nous avons de nous donner les moyens d'atteindre nos objectifs.

Cette question des moyens ne résumera jamais la totalité d'un projet. Certes, nous devons accroître les connaissances, les techniques et les richesses, mais être conscients en même temps que ce sont là les outils d'un progrès dont il importe de fixer la finalité humaniste, si nous désirons renouer avec l'optimisme des Lumières. Nous l'avons vu, savoir et pouvoir ne garantissent nullement, en soi, un monde meilleur. En revanche, à condition de le vouloir et d'en faire l'objectif explicite du progrès, ce peuvent être les outils qu'il faut pour bâtir un «monde compatible avec l'épanouissement d'une vie authentiquement humaine», pour reprendre les mots de Hans Jonas. En bref, en tant que scientifique, et aujourd'hui président d'université, j'ai deux tâches essentielles et irréductibles l'une à l'autre à mener : contribuer à accroître et à diffuser les connaissances, à élargir le champ du possible, et, en même temps, m'engager en faveur de l'édification d'une société accueillante pour chacun. Le chercheur a été mû, surtout, par le premier objectif ; le responsable militant est aussi mobilisé par le second.

C'est un peu le discours que je présente aux nombreux élèves des grandes écoles dont je suis le parrain. Je leur dis : «Vous êtes diplômés d'établissements prestigieux et avez beaucoup travaillé, vous aurez, plus que d'autres, des facilités à construire votre vie et à participer à l'écriture du futur. Au fait, ces pouvoirs que vous posséderez et cette position privilégiée que vous occuperez, au-delà de votre réalisation personnelle, légitime, à quoi voulez-vous l'utiliser, qu'en ferez-vous, quels sont vos grands objectifs ?» Grande école après grande école, y compris les plus célèbres, j'ai été stupéfait par cette espèce de désarroi que je lisais dans les yeux de ces jeunes qui m'écoutaient. Je n'en ai jamais entendu un seul capable de me proposer un but cohérent au-delà de : «faire une très belle carrière pour que je puisse m'épanouir et accéder à un niveau de vie enviable» !

VP : Je ne peux pas vous laisser dire cela. Si l'on s'était rencontrés, à l'époque de mes études, je vous aurais dit que je n'avais pas du tout pour vocation de gagner de l'argent et de faire une belle carrière. Je vous aurais dit que j'étais entrée dans une grande école de gestion un peu par hasard et que mon seul souhait était de changer le monde dans lequel je vivais.

AK : La situation s'est dégradée depuis, Madame la ministre...

VP : Non, je pense que c'est une question de tempérament et qu'il y a aujourd'hui, dans les grandes écoles, des jeunes qui ont ce tempérament-là. Et qui veulent faire de leur vie quelque chose d'utile. Je suis très heureuse de cette expérience de près de quatre ans au ministère, qui a été extraordinairement riche, parce que j'avais la conviction que le politique pouvait changer les choses, que l'on avait besoin de l'État et du politique pour accompagner le changement dans notre pays vers quelque chose de meilleur, mais je n'en étais pas sûre. La critique de l'impuissance de l'État est tellement forte, et elle s'est accrue avec la mondialisation... À force de l'entendre, j'aurais presque pu finir par douter... Eh bien, en ayant travaillé sur cette réforme, même si elle n'est pas encore totalement aboutie car il reste un grand nombre d'étapes à franchir, j'ai eu la confirmation que l'on a effectivement besoin du politique pour changer le monde. Et, en même temps, on a besoin des acteurs de la société civile, dont les initiatives sont indispensables. En fait, le politique est un chef-d'orchestre. Cela a vraiment été une révélation pour moi.

L'autonomie des universités est un processus d'une richesse et d'une force extraordinaires, mais le changement ne peut être imposé d'en haut. Ni par de simples règles, je suis totalement d'accord avec vous, Axel Kahn. En même temps, sans le politique pour, un jour, bousculer certaines habitudes, dire certaines choses et donner une impulsion nouvelle, l'immobilisme aurait de beaux jours devant lui... Selon vous, l'important, c'est la finalité du changement. Oui ! Sauf qu'en réalité, lorsqu'on change, on connaît la fin que l'on veut atteindre mais on n'est jamais sûr que les moyens que l'on va utiliser vont vraiment vous permettre d'atteindre cette finalité. C'est toute la difficulté de la décision politique.

Dès que je suis arrivée dans ce ministère, j'ai dit que je voulais être la ministre des étudiants. D'étudiants qui réussissent et qui puissent tous réaliser leur potentiel. Un peu la parabole des talents... Je voulais passer de la démocratisation et de la massification de l'université à la personnalisation. De la quantité à la qualité, et je voulais que la France soit un pays de science, de créativité. Je voulais rendre l'optimisme aux jeunes et au pays. Et je pense que miser sur la recherche, c'est une forme de pari pascalien. Oui, il y a un risque d'échouer, de ne rien trouver, mais si jamais l'on réussit, si jamais l'on fait une grande découverte, alors le gain pour nos sociétés, pour l'humanité peut être incalculable. C'est la beauté du savoir, c'est la grandeur de la connaissance : elles peuvent transformer le monde de fond en comble. Elles l'ont déjà fait et elles le feront encore, j'en suis convaincue.

Votre vision, Axel Kahn, est séduisante parce que vous mettez l'accent sur les finalités. Mais, en réalité, votre vision, même si elle se pense comme humaniste, peut paraître un peu naïve, comme vous l'avez reproché à une droite qui, selon vous, serait captivée par le « bougisme » et ses mirages. En fait, on n'est jamais sûr de ce que l'on va trouver quand on investit dans un projet de recherche. Mais on investit dans le projet de recherche en lui-même. Dans une réforme, on n'est jamais sûr qu'elle aura tous les effets bénéfiques que l'on attend. En même temps, on sait qu'à un moment donné, en déverrouillant le système, en ouvrant des portes, en donnant la parole aux acteurs, en leur faisant suffisamment confiance, en les accompagnant, on peut espérer des résultats positifs...

Le mouvement lui-même peut être bon ! Mon projet politique, c'est celui de la réussite de tous les étudiants, c'est celui d'un pays qui rayonne, qui est en effervescence intellectuelle et où l'intelligence fait progresser le pays. Que ce soit en matière d'environnement, d'emplois, de santé... C'est donc une vision d'une société en progrès que je peux, d'ailleurs, partager avec la gauche. La différence, c'est que nous, nous avons osé mettre les choses en mouvement et aller à l'encontre des corporations et des conservatismes en leur disant : « Maintenant, il faut changer ! »

Je crois à l'existence d'une certaine vertu du mouvement, du changement, de l'innovation. Et je pense que ce gouvernement a impulsé cette dynamique de changement. Il a eu le courage de décider. Il y aura des erreurs, on se trompera peut-être sur tel ou tel point, on créera des filières qui seront peut-être trop sélectives ou trop ouvertes... On investira peut-être dans des programmes de recherche qui se révéleront des erreurs, sans que personne ne l'ait prévu ou anticipé. Je ne sais pas. Je ne peux pas en avoir la certitude. Mais je fais le pari de l'intelligence humaine, du progrès de la connaissance.

C'est un pari. Je suis convaincue que cela aboutira à un monde meilleur. Ce qui me rendrait fière aujourd'hui, c'est de me dire qu'avec le changement, avec le mouvement que nous avons lancé, nous aurons peut-être demain une France un peu plus optimiste, un peu plus sûre d'elle-même, avec de meilleurs atouts face à la mondialisation pour faire valoir ce qui fait son identité, ce qui fait le «modèle français». Et que nos jeunes seront mieux accueillis, plus heureux, plus épanouis, grâce à une politique sociale d'accompagnement de leurs études. Que les portes qui s'ouvriront devant eux seront plus nombreuses. Et, surtout, qu'ils retrouveront confiance dans l'éducation, qu'ils seront moins désenchantés. Et que j'aurai apporté ma petite pierre à cet édifice-là, pour une France plus tonique, plus dynamique, plus ouverte, plus créatrice...

J'ai envie de donner de la vitamine à mon pays. Parce que, quand vous allez aux États-Unis ou dans les pays émergents et que vous voyez le bouillonnement qui existe autour de l'université et de la recherche, cette ouverture des possibles, la jeunesse qui est le temps de toutes les promesses, vous vous dites : «Mais pourquoi pas en France ?» Tout ce que j'ai fait, je l'ai fait pour cela. Pour que la jeunesse soit une promesse et non une contrainte et une angoisse, pour que les chercheurs nous apportent des joies, des découvertes et de la confiance.

Cet optimisme, je l'ai dit, il a quelque chose du pari pascalien. Mais il se nourrit de toutes les avancées scientifiques enregistrées chaque année. Quand nous avons fait le premier bilan du plan de lutte contre la maladie d'Alzheimer que nous avions lancé en 2007, le président de la République a félicité le professeur Philippe Amouyel, qui, avec son équipe, venait d'identifier certains des gènes qui prédisposent à la maladie. Et il lui a aussitôt demandé : «Et les médicaments, c'est pour quand ?» Le professeur a répondu que ce n'était pas pour tout de suite... C'est évident qu'en matière de recherche, même lorsqu'on investit massivement, l'on sait que ce n'est pas pour un profit immédiat. Mais on trouve partout des raisons d'espérer.

Un monde qui n'est pas désirable

AK : Vous avez utilisé un terme, Madame la ministre, qui m'est cher à moi aussi : celui de rayonnement. Je suis sans doute aussi attaché que vous au rayonnement de la France. J'espère y avoir contribué en tant que scientifique, peut-être que penseur. Lors de la visite d'évaluation de l'université Paris-Descartes, en mai 2009, le président du comité de visite désigné par l'AERES[1] m'a fait un plaisir immense dans son message de conclusion; à moi et à tous mes collègues. Il a déclaré : «Monsieur le président, vous avez une université qui rayonne.» Il fondait, j'imagine, cette louange sur notre volonté d'exceller non seulement dans les domaines de la formation et de la recherche, mais aussi de la culture. Localisée au centre historique de Paris, disposant d'un patrimoine architectural et artistique exceptionnel, l'université Paris-Descartes organise par exemple de grandes et prestigieuses expositions sur le thème dominant du corps (les maternités, les visages, le corps en mouvement..., etc.); elle présente des œuvres exceptionnelles de toutes les civilisations du monde

1. AERES : Agence d'évaluation de la recherche et de l'enseignement supérieur.

durant vingt-cinq siècles. Ces expositions attirent des milliers de visiteurs extérieurs à l'université. Nous venons aussi de publier, avec les éditions La Martinière, un superbe livre d'art consacré à l'évolution de la pensée médicale. Au-delà d'une contribution essentielle à l'épanouissement de nos étudiants, nous voulons, par ces manifestations, marquer notre attachement à une université centre de civilisation, une université qui rayonne, en effet, condition de la défense des valeurs de la connaissance et de toutes les formes de créativité de l'esprit, élément essentiel à la préparation du futur. Je voudrais aussi réagir à vos propos d'une manière plus politique. Imaginons que toutes ces réformes que vous menez aboutissent à une augmentation très importante du potentiel de l'enseignement supérieur et de la recherche et que, de ce fait, le pays conquiert de nouveaux moyens pour son rayonnement. Malgré cela, parce que ces actions coexistent avec une certaine vision de l'homme et de l'humanisme politique contestée par beaucoup, la France aujourd'hui ne rayonne pas dans le concert des nations comme elle le pourrait sans doute. Quand je suis à l'étranger, aujourd'hui, je n'ai pas l'impression que l'image de la France, malgré les moyens et actions remarquables que vous décrivez, se soit améliorée.

C'est là une belle illustration de ce que des moyens conséquents qui ne peuvent être associés à un projet considéré dans le monde pour sa profondeur de vue et sa valeur humaniste ne suffisent pas à assurer le rayonnement de notre pays. D'ailleurs, pour rester dans la politique, au début du quinquennat du président de la République, un journaliste m'a demandé quelle était mon analyse globale de ses plans, de sa vision et de l'image qu'il avait de la France. J'ai répondu, à l'époque, que le président de la République nous disait qu'il fallait changer et se réformer pour se mettre à niveau dans ce monde qui bouge et, enfin, réaliser dans notre pays ce qui, ailleurs dans le monde, avait fait la démonstration de son efficacité.

Or toute mon analyse est, et était, que la dynamique du monde moderne, laissée à sa logique interne, conduit à un avenir qui n'est pas désirable. Par conséquent, un projet politique consistant à s'adapter à un monde dont je déplore et redoute l'évolution, sans se fixer pour but d'en modifier le cours, de mon point de vue, nous conduit dans le mur. Ce fut ma réponse, publiée, à ce journaliste. Cet épisode de 2007 est très significatif de mon analyse et de ce qui m'oppose à Nicolas Sarkozy. Le Président propose à notre pays de recoller au peloton de tête des nations, en particulier en dynamisant l'enseignement supérieur et la recherche. C'est la feuille de route que vous avez reçue, Madame la ministre, et j'y suis bien entendu favorable. Cela dit, la vision du Président est que cela doit donner à la France le moyen de s'aligner sur les autres pays, d'appliquer les mêmes recettes et de poursuivre le chemin qu'ils ont emprunté. Or je considère que cette voie conduit à une impasse, qu'elle dessine une société qui ne m'apparaît pas être celle de l'épanouissement du plus grand nombre des habitants de cette terre. Je préférerais mille fois que ces efforts fussent mobilisés pour influer sur la course folle de notre monde. Ce qu'il est d'ailleurs advenu de certains des modèles dont les performances nous étaient vantées en 2007, y compris par le Président (le

Royaume-Uni, l'Irlande, le crédit aux États-Unis), me confortent dans mon analyse.

VP : Si je vous comprends bien, vous dites que notre projet, c'est de nous adapter au monde tel qu'il est alors que nous possédons un génie, une culture, une tradition spécifiques qui valent bien ceux du reste du monde et qui nous permettent de construire notre propre projet. Un projet que l'on peut opposer au monde tel qu'il se construit en dehors de nos frontières...

Changer de cap

AK : Il n'y a pas que cela. L'extraordinaire développement des outils scientifiques et techniques dans le monde moderne permet de produire des quantités énormes de richesse, de mettre en mouvement des pays comme la Chine ou l'Inde, de mondialiser l'économie. En contrepartie, et tout le monde en est d'accord, aussi bien entre les pays qui se sont engagés et les autres qu'au sein de chacun de ces pays, cela crée un niveau d'inégalités tel qu'il conduit à une situation et à une violence que j'ai comparées à une nouvelle barbarie. J'ai déjà évoqué ses manifestations : insécurité dans le monde et même dans maints endroits de nos villes, effroyable misère contrastant, à Bogota, Mexico, São Paulo ou Lagos, avec la plus impudente des opulences, réinvention de formes nouvelles de châteaux forts et de bastides, etc. Ce monde n'est pas celui que je suis fier et confiant de léguer à mes petits-enfants.

Par conséquent, le premier projet politique que j'aurais, c'est de contribuer à remettre un pilote dans l'avion, un pilote guidant les pays du globe vers un avenir plus sympathique et rassurant, et donnant à la France l'objectif d'y contribuer. Et, si j'étais président de la République, j'annoncerais qu'il faut changer de cap plutôt que le poursuivre à vitesse accélérée, et j'essaierais de m'en donner les moyens.

VP : Moi, je ne suis pas présidente de la République... Vos paroles dépassent donc très largement mon champ de compétences. Ce que je ne comprends pas dans votre discours, c'est qu'en réalité ce que l'on veut réveiller, ce sont l'intelligence et la créativité françaises. Nous savons bien que la grande majorité des universitaires ou des chercheurs n'est pas de notre couleur politique. Mais cela n'a aucune importance ! Ce que nous voulons, c'est donner la parole à la pensée, c'est lui donner les moyens de s'exprimer et de créer.

Il y a une forme de gratuité dans cette réforme de l'université et de la recherche. Une gratuité absolue. Ce n'est pas une réforme que nous menons avec des objectifs ou des arrière-pensées politiques. Ce que nous voulons, c'est un pays plus harmonieux, où l'université joue pleinement son rôle de ciment du pacte social, où elle travaille avec tout le monde, où elle fait rayonner la culture française dans tous les pays. Cette gratuité est une reconnaissance de ce qu'on doit à la pensée en France.

Vous l'avez dit à votre manière, mais nos façons de voir divergent profondément sur ce point. Nous livrons aujourd'hui une bataille mondiale. C'est celle de la culture, de l'identité, de cette singularité française, qui fait de nous une grande nation, une nation qui parfois irrite, parfois agace, mais qui est respectée et même admirée parce qu'elle contribue à faire briller l'intelligence humaine dans le monde. Demain, en un sens, nous serons perdus si nous ne faisons pas cette réforme, si nous n'acceptons pas de bouger, si on laisse nos étudiants échouer à l'université. Demain, nous serons perdus si nous n'affirmons pas la place de l'exigence dans l'éducation et la formation... L'enjeu de cette réforme, aux yeux du président de la République, c'est la place de la France, c'est son rang intellectuel et scientifique, c'est son dynamisme économique.

Sur des questions de politique immédiate, nous avons sans doute des divergences. Mais cette réforme n'est pas faite pour les six prochains mois. Nous la faisons pour les dix à quinze ans qui viennent. Si elle réussit, et je crois fermement qu'elle va réussir, cette réforme va façonner le visage de la France pour des générations. Elle a pour premiers bénéficiaires les étudiants, les jeunes, et puis le génie français d'une manière générale. Le génie français qui va pouvoir s'épanouir dans la formation, dans la transmission, dans la recomposition du paysage universitaire. Qui va pouvoir s'épanouir dans les frontières de la connaissance. Et l'on ne sait pas du tout ce qu'on va trouver. Quand je donne 40 millions d'euros pour les mathématiciens du plateau de Saclay, je sais qu'ils vont essayer de démontrer un lemme ou une conjecture. Je ne sais absolument pas à quoi tout cela va conduire. Simplement, je leur fais confiance. Parce que je sais que c'est grâce à eux que nous avons une tradition dc rayonnement et d'excellence. Que c'est grâce à nos mathématiciens qu'un jeune Vietnamien, Ngô Bào Châu, a absolument tenu à demander la nationalité française en 2010, parce qu'il savait qu'il allait avoir la médaille Fields et qu'il voulait que la France la reçoive en même temps que son pays d'origine, le Viêtnam. Parce que ce qu'il avait appris, il l'avait appris en France. C'est la même chose pour Maxim Kontsevich ou Mikhaïl Gromov. Leur patrie, c'est devenu la France. C'est cela mon rêve. Mon rêve, c'est la France. Et que chaque jeune puisse y réaliser ses talents. Cela dépasse tous les clivages politiques...

Une réforme qui dépasse la politique

AK : La meilleure preuve, Madame la ministre, c'est que, alors même que nous ne partageons pas la même vision politique, j'ai été l'un des soutiens très significatifs de votre réforme...

VP : Et je compte encore sur vous pour la seconde étape, car elle n'est pas franchie.

AK : Je ne conteste donc pas ce que vous venez de dire, et cela d'autant moins que j'ai été moi-même un créateur de sciences. J'ajoute seulement qu'il serait naïf de se convaincre que cela suffit à fonder un projet de société. Nous étions sur deux plans différents. Je ne conteste pas votre volonté d'améliorer la qualité et la structuration de l'enseignement supérieur et de la recherche afin qu'ils soient capables de libérer le génie créatif de nos équipes et aboutissent à créer de nouveaux concepts et à faire des innovations.

VP : Là-dessus, pas d'ambiguïté ! La recherche fondamentale va être tout aussi bien traitée que l'innovation.

AK : Je ne conteste donc pas. Je l'ai dit en public à des journaux de gauche et à des journaux de droite.

VP : Le paradoxe, c'est qu'il aurait certainement été plus difficile pour un ministre de gauche de faire cette réforme. Parce qu'il se serait heurté à ses propres électeurs. Et quand on se trouve dans cette situation, on a plus tendance à reculer.

AK : Je vais vous faire une confidence... J'espère que la gauche gagnera les prochaines élections présidentielles parce que je ne suis globalement pas d'accord avec la politique menée, non pas par vous, Madame la ministre, mais par ce gouvernement. Je souhaite donc que le président de la République actuel ne soit pas réélu en 2012. Si la gauche arrive ainsi au pouvoir, je serai cependant un militant ardent pour conserver ce qu'il y a d'excellent dans votre action. En particulier, la loi LRU et la réorganisation des universités. Et ces principes sur lesquels reposent vos réformes – autonomie, libération des énergies, etc. J'espère qu'ils s'insèreront dans un autre projet global. J'aurai sans doute à mener le combat des idées pour éviter ce manichéisme qui considère que l'adversaire politique ne peut pas avoir une action positive. C'est absurde. Dans le monde entier, l'adversaire politique peut réaliser d'excellentes choses sur lesquelles il faut rebondir pour améliorer encore ce qui a été fait.

VP : Ce sera dur... Je vais peut-être dire quelque chose qui va vous faire bondir, mais je pense que les vraies grandes réformes, les réformes structurelles, les retraites, l'éducation, l'autonomie des universités, sont des réformes que l'on devrait réaliser dans le cadre d'une union nationale droite/gauche. Car elles ne sont ni de droite ni de gauche. Dans une démocratie adulte et apaisée, il devrait être possible de trouver des consensus sur ces sujets. Je pense aussi que les responsables politiques de gauche honnêtes aujourd'hui, sont persuadés qu'il faut travailler jusqu'à 62 ans, que la question est démographique et que l'on ne peut pas y échapper. Que le débat sur ce sujet est politicien. Ce que j'admire dans votre position, c'est votre courage, étant un homme de gauche, d'accepter une réforme portée par un gouvernement de droite, attaqué pour d'autres raisons que la réforme de l'autonomie. Vous avez su dépasser votre antisarkozysme pour dire que cette réforme est bonne. Ce n'est malheureusement pas la position majoritaire dans votre famille politique. De mon côté, je souhaite la victoire de la droite en 2012, car j'espère que nous pourrons poursuivre cette réforme et la porter sur d'autres terrains, y compris celui de l'école. J'espère que cette réforme portera ses fruits très rapidement et qu'elle contribuera à faire baisser le chômage. Car des résultats tangibles, c'est ce que les Français attendent, non seulement de leurs chercheurs, mais aussi de leurs hommes et de leurs femmes politiques !

AK : Nous arrivons au terme de ce dialogue singulier, Madame la ministre, singulier parce qu'il a pu avoir lieu malgré nos différences d'âge, de parcours, de références philosophiques et politiques, nos différences de situation. Vous êtes une ministre de Nicolas Sarkozy, femme politique de droite et élue UMP, issue d'une famille gaulliste. Je suis un scientifique, blanchi sous le harnais de la recherche, maintenant président d'université, j'ai été militant communiste mais, depuis trente ans n'ai plus aucune activité partisane. Je me définis plutôt comme moraliste. Mes valeurs restent, cependant, sans conteste, celles de la gauche.

Lorsque vous avez défendu une loi d'autonomie des universités, je n'envisageais pas un seul instant de devenir président de l'une d'entre elles. Pourtant, j'ai d'emblée été favorable à la loi LRU : l'autonomie plutôt que la dépendance, des moyens pour exercer sa responsabilité, ce sont là des objectifs qui me conviennent. J'ai, de la sorte, été le premier président d'université à être élu avec un programme d'autonomie. Une fois en fonctions, j'ai mis toute mon énergie à user des nouvelles règles pour accroître le rayonnement de l'université, développer son offre de formation et renforcer sa recherche. Par ailleurs, président de la commission Recherche de la Conférence des présidents d'universités, j'ai eu à cœur de contribuer à une refondation des rapports entre les organismes de recherche et les universités, en accord avec vos orientations : c'est que j'y étais, en réalité, favorable depuis vingt ans. J'ai pu dire à des médias que, selon moi, toute femme de droite que vous fussiez, vous étiez une ministre de l'Enseignement supérieur et de la Recherche qui compterait, et que, à votre manière, vous aimiez réellement la recherche et l'université. Je me différencie de manière radicale de vous sur la valeur intrinsèque de l'argent comme moyen déterminant de stimuler la qualité et la créativité individuelles, je critique certaines orientations de votre action qui m'apparaissent exagérément technocratiques, j'ai dénoncé des réformes dont la finalité m'apparaissaient plus économiques que stratégiques – par exemple, la suppression de l'année de fonctionnaires stagiaires durant laquelle les futurs enseignants approfondissaient leurs pratiques pédagogiques.

Mais, peut-être, surtout, nous sépare la question de la finalité de l'action. En effet, nous ne pouvons qu'être d'accord, vous la ministre, et moi l'ancien chercheur et actuel président d'université, pour dynamiser tout le dispositif d'enseignement supérieur, de recherche et d'innovation de notre pays, quoique nous divergions parfois sur l'adéquation à ces objectifs des moyens utilisés. Cependant, et c'est là un trait fort de votre famille politique, vous considérez que l'essentiel est là.

Je vous rétorque qu'à elles seules, la vivacité de la science et la qualité de la formation, moyens indispensables, ne garantissent pas l'édification d'une société apaisée où nos enfants et petits-enfants pourront s'épanouir. La crise financière et ses conséquences, la montée des inégalités, la violence n'ont, par exemple, pas épargné des pays mieux lotis que la France sous cet aspect, tels les États-Unis, le Japon ou les pays nordiques.

Je demeure par conséquent convaincu que notre mobilisation, en particulier par la science et l'enseignement, doit nous donner l'ambition de contribuer à modifier le cours des choses, non de nous y fondre. Le progrès, oui. Les savoirs, les sciences et les techniques y concourent. Il sera un progrès pour l'homme à la condition de s'en fixer l'objectif explicite.

Table

Cet ouvrage a été imprimé
en mai 2011 par

CPI
FIRMIN-DIDOT

27650 Mesnil-sur-l'Estrée
N° d'édition : 51810/02
N° d'impression : 105510
Dépôt légal : mai 2011

Imprimé en France

La photocomposition de cet ouvrage
a été réalisée par
GRAPHIC HAINAUT
59163 Condé-sur-l'Escaut